JN409439

학생기자

다솜이의 단상

短想

윤다솜 첫 수필집

학생기자

다솜이의 단상

短想

윤다솜 수필집

열아홉 살 수줍은 여고 3학년의 비망록

도서출판 국보

다솜이의 단상

인쇄 2011년 7월 26일
발행 2011년 7월 31일

지은이 | 윤다솜
펴낸이 | 임수홍
편집디자인 | 맹신형
발행처 | 도서출판 국보
등록 | 제 324-2006-0023호
주소 | 서울시 강동구 길동 395-3 2층
전화 | 02-476-2757 / 476-7260
전송 | 02-476-2759
이메일 | kbmh11@hanmail.net
홈페이지 | http://cafe.daum.net/lsh19577

값 10,000원
ISBN 978-89-93533-19-4 03800

수줍습니다.

부끄럽기도 합니다. 19살, 아직 인생의 반도 살아 보지 못한 어린 애가 인생의 모음이라는 수필집을 발간한다니 벌써부터 인생 선배님들의 불호령이 귓가에 들려오는 것 같습니다. 하지만 그와 반대로 문인으로서의 꿈을 키우던 제가 청소년시기를 마무리하는 이 시점에서 항상 꿈꿔오던 일을 일궈낼 수 있다는 것에 자랑스럽기도 합니다.

아직 제 글을 보면 부족하고 또 부족해 보입니다. 하지만 이렇게 용기 내어 책을 발간할 수 있던 것은 저를 지켜봐주고 응원해준 어떤 분의 진심어린 조언에서였습니다. 아무리 몇 십년을 글을 쓴 사람이라도, 주변에서 인정해주는 문인이라도 10분이 지나면 또 고치고 싶은 게 글 쓰는 사람의 마음이라고 했습니다. 그러다보면 평생을 혼자만 보는 글이 되지 않겠냐며 꾸지람도 들었습니다. 그날 제 생각이 짧았다는 것을 느꼈습니다. 책을 발간한다는 것은 새로운 시작의 의미였고, 앞으로 내 꿈을 향한 출발이었습니다.

호기심 많고, 하고 싶었던 것도 많았던 청소년 시절, 뒤 돌아보면 코끝이 아릿해지기도 합니다. 이제 다시는 그때와 같은 순수한 마음을 가지고 투명한 꿈을 담지 못할 것입니다. 그래서 용기를 냈습니다. 이 책에 19년의 순수한 마음을 담았습니다. 이제 다시는 이 같은 순수한 마음을 갖지 못할 것 입니다.

어느 나이 지긋한 시인 한 분이 말하길 일반 사람들은 추억을 사진으로만 남기며, 지나온 인생들을 흐릿흐릿한 기억에 담는다고 합니다. 하지만 글을 쓰는 사람들은 자신의 추억과 인생을 글로 남긴다고 합니다. 그 말이 잊혀지지 않네요. 저 또한 그렇게 살고 싶습니다. 훗날에도 글로 제 인생을 담는 사람이 되고 싶습니다.

천호동에서 다솜이가

축 사

자신의 꿈을 찾는 학생이 되길...

문묘순(명일여고 교장)

먼저 명일여고 3학년에 재학생인 윤다솜 수필가가 첫 수필집 「다솜이의 단상」을 출간한다고 하니, 교장으로서 자랑스럽고, 기쁜 마음을 우리 학생들과 함께 나누며 진심으로 축하한다.

더구나 제16회 청하백일장에서 대상인 문화체육관광부 장관상을 수상하여 학교의 명예를 높이고, 고3 수험생으로 대학입시에 바쁜 와중에도 틈틈이 써놓은 글을 엮어 열아홉 수줍은 소녀의 비망록을 세상에 첫 선을 보이는 용기에도 큰 박수를 보낸다.

나는 평소에도 여성들이 자기주체적 정신을 가지고 세상을 능동적으로 살아가길 바라는 사람이었다. 그래야 변화하는 21세기에서 자기가 원하는 일을 스스로 찾아 전문가의 길을 걸을 수 있기 때문이다.

현대사회는 예전과 달리 전 세계가 하나의 울타리 안에서 생활하는 원터치 시대로 변하고 있다. 아침에 인터넷을 보면 전 세계의 중요한 사건들을 한눈에 볼 수 있고, 트위터나 페이스북을 통하여 세계 각국의 친구들을 사귈 수 있는 완벽한 시스템이 되어 있기에,

▲ 교장실에서 문묘순 교장선생님과 윤다솜 학생

요즘 젊은이들에게 특히 여성들에게 나는 '세상을 바라보는 눈' 을 가지라고 당부하고 싶다.

윤다솜 양의 수필을 읽어보면, 아직은 19세 학생으로서 느끼는 순수함과 미래에 대한 희망이 가득 들어있음을 알게 된다. 하루하루가 다르게 시작과 끝이 변하는 오늘날에, 인적자원 밖에 없는 우리나라에서 다솜이 같이 문학이라는 자신의 길을 확실히 정하고, 행복한 문학의 길을 걷고자 하는 모습에 아낌없는 마음의 후원을 보낸다. 앞으로 윤다솜 수필가의 제2, 제3의 좋은 수필집이 세상에 나와, 독자들에게 희망과 용기를 주는 아름다운 작가로 인정받기를 진심으로 기대한다.

다솜아! 첫 수필집 진심으로 축하하며 자랑스럽구나

1장 청춘이니까 아프다

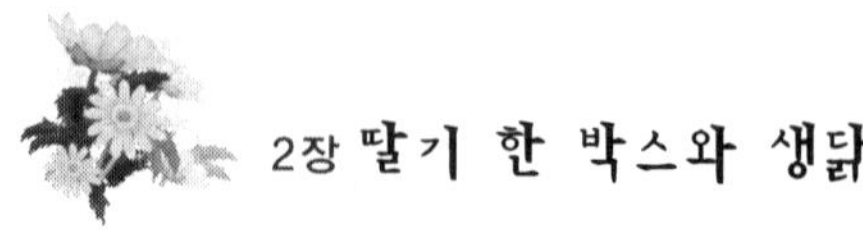

2장 딸기 한 박스와 생닭

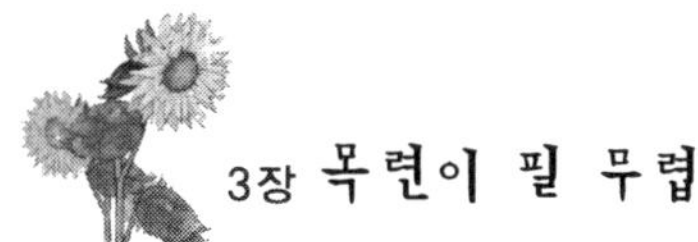

3장 목련이 필 무렵

4장 빨간 오뎅집

제1장
청춘이니까 아프다

소나기

성형 고(高)

청춘이니깐 아프다.

사람은 무엇으로 사는가

물망초

골프와 추억1

골프와 추억2

골프와 추억3

골프와 추억4

안전불감증

여행은 비행기 타고

소나기

비를 부르기 전 공기는 특유의 향을 머금는다. 그 향은 달콤하기도 하고 비릿하기도 하다. 내게 곧 비가 올 것이라고 속삭여주는 것 같기도 하다. 하지만 오늘 같이 소나기가 내리는 날엔 나는 예고 없이 다가온 빗방울의 당황하기도 하고 화가 나기도 한다.

후두둑 내리는 비를 맞으며 집으로 향하는 길에서 나는 알 수 없는 감정에 휩싸였다. 하늘은 잿빛으로 변했고, 나처럼 비를 예견하지 못한 사람들의 발걸음은 빨라졌다. 여름이 오기 전 빗방울은 차갑고 아프다. 이미 젖어버린 옷과 몸을 보면서 최대한 비를 막아보려고 애쓴 나의 손이 우스워졌다. 더 이상 비를 막으려고 이리저리 손을 바삐 움직이지 않으니 빗방울이 몸에 닿는 게 느껴졌다. 빗방울이 아프게 내려온다. 피부 하나하나에 닿는 빗방울이 내게 슬픔과 아픔을 만든다.

비를 맞으며 길 한가운데서 서 있는 나를 보고 있자니 어쩌면 나의 마음을 대변해 주는 것 같았다.지금 나는 이렇게 어지러운 길 한가운데 서 있다. 곧 있으면 더 큰 세상으로 나아가야하기에 무섭고 두렵다.10대의 끝자락에 서 있는 현재의 나는, 지금 비를 맞고 길 한가운데 서 있는 모습과도 같다.

나의 현재 마음을 비추는 빗방울 하나하나에 나는 더 큰 고독함과 더 깊은 상실감을 느낀다. 빗방울 하나에 끼치는 고독함은 불안정한 지금의 위치를 보여주는 것이었고, 빗방울 하나에 끼치는 상실감과 불안함은 이제 나의 삶을 스스로 선택해야 한다는 두려움이었다.

어느새 창 밖에 내리는 빗방울 소리가 야속해져만 갔다. 소나기는 항상 슬픔을 가져온다. 산골 소년과 전학 온 소녀의 아름다운 이야기를 담은 어느 소설에서도 소나기는 이별과 죽음을 몰고 온다. 갑작스레 내리는 빗방울은 소년에게도, 소녀에게도, 나에게도 슬픔을 가져온다.

네모난 창틀을 바라보며 빗방울을 따라가 본다. 시멘트 주차장 옆의 가녀린 풀 한포기가 피어있다. 억센 비를 맞으며 제 몸을 힘겹게 세운다. 저 풀에게도 세찬 소나기는 시련인가. 고개를 숙인 풀은 무섭게 내리는 소나기에 비해 너무나도 여렸다.

침대에 누워서 빗방울 소리를 들어본다. 화가 난 사람처럼 비를 뿌리던 소나기가 그 기세를 누그러뜨린다. 굵은 빗방울 소리는 조금씩 약해져 간다. 멈추어 가는 빗방울은 하나씩 떠날 준비를 한다. '또 다른 곳에 슬픔을 가져다 줄건가.' 괜한 심술이 났다. 열어 놓은 창문에서 비온 뒤 시원함과 상쾌함이 전해온다. 창밖은 더 이상 잿빛 세상이 아니었다. 세상의 색깔들이 더욱 선명해지고 진해져 있었다.

비로 인해 모든 것이 불투명해 진 것 같았지만 비가 그친 자리엔 더욱 짙은 녹음이 자리 잡기 시작했다. 비온 뒤 세상은 더욱 강한 생명의 냄새를 머금었다.

꿋꿋이 버틴 풀 한포기가 맑은 물방울을 머금고 서 있다. 풀은 더 이상 연약해 보이지 않았다. 오히려 그 강인함을 뽐내듯이 더욱 꿋꿋이 서 있었다. 더 선명한 녹색의 생명력을 자랑하며 .그렇게 서 있다.

혼란스러웠던 마음이 점차 뜨거워진다. 상실감, 불안감, 고독함 모두가 비로 인해 시작됐지만 비로 인해 다져진다. 예고 없이 내리는 비는 미처 준비하지 못한 나에게나, 풀에게나, 소년에게나 아픔을 가져온다고 생각했다. 하지만 세찬 빗방울은 나의 마음을 다져놓고, 풀에게 더욱 진한 생명력을 뿌리고 소년에게는 어른이 되어가고 있음을 말해준다. 풀이 머금은 물방울처럼 나도, 소년도 더욱 강해질 것이다.

누군가 말했다. 청춘은 아프다고. 짧게 내린 한바탕의 소나기를 바라보며 오늘 하루 괴로웠던 것은 괜한 청춘의 아픔이 아니었을까? 많은 시간이 흐른 뒤 나를 되돌아보며 오늘을 상기시킬 때 혼란스러웠던 마음 한 구석은 추억으로 남아있을 것이다. 그리고 그리워질 것이다. 그때는 갖기 못할 청춘의 아픔이니까.

소나기가 내린다. 내게 청춘의 빗방울을 뿌리며 소나기가 내린다.

〈 제16회 청하백일장 대상(문화체육관광부 장관상) 수상 작품 〉

성형 고(高)

"뭐? 00이 코 성형을 했데?"

이 소문은 삽시간으로 퍼져 우리 학교를 떠들썩하게 만들었다. 워낙 예쁘다고 소문난 친구가 연예인 한다는 소문까지 솔솔 들려오는 마당에 방학을 기점으로 코 성형까지 했다고 하니 '이러다 걸 그룹으로 데뷔하는 거 아니야?' 라는 시기 어린 눈초리와 소문 좋아하고, 남 이야기 좋아하는 여고생들에게는 그 어떤 것보다 흥미를 자극하는 소문이었다.

나 또한 여름방학 내내 수다 떨 꺼리가 없어 얼굴마저 노오랗게 뜬 마당에 그 소문은 내 흥미를 자극하기 충분했고, 지금 당장 소문의 진상을 확인하지 않으면 큰 일이라도 나는 양 야단스럽게 굴며, 소문의 주인공인 친구에게 달려갔다.

원래 1학년 때부터 알고지낸 친구지만 안부를 묻고 그러는 친구가 아니기에 걱정스러운 마음이 있었지만, 그 친구의 코가 너무 궁금한 나머지 철판을 깔고 심지어 같이 보러 가자는 같은 반 친구 몇 명까지 대동해 소문의 주인공을 찾아갔다.

이미 문 주변에는 그 친구를 보러 왔지만 쉽사리 말을 걸 수 없는 아이들이 '에라 구경이나 하자' 라는 생각으로 힐끔 힐끔 쳐다보고 가기도 하고 자기들끼리 귓속말로 소곤소곤 대화를 하고 가기도 했다. 나 역시 고구려시대의 장군처럼 기세 좋게 내려왔지만 너무 속보일까 이름을 부르지 못하고, 주변에서 주춤거리다 떠미는 친구들로 인해 "00아" 조심스럽게 이름을 불렀다.

"어 왜?"

친구는 개학 첫 날부터 소문의 주인공이 되어 꽤나 아이들에게 시달렸는지 썩 좋지 않은 표정으로 앉아 있었다.

"아니 얘기 들었어? 우리 저번에 ~~"

중요치도 않은 얘기였고 친구들까지 우르르 따라와 할 말은 더 더욱 아니었기에 그 친구가 내 다른 속셈을 읽었을까 조마조마 했다. 시덥지 않은 이야기를 나누는 내내 친구의 표정은 '그래 너도 저 아이들처럼 내 코를 보러 온 게지' 라는 표정이었다.

"그래, 들었구나. 그럼 됐어 나 갈께."

하면서 교실 문을 나온 나는 그 친구에게 미안한 마음에 얼굴마저 화끈 달아올랐다. '괜히 왔어 00이 기분만 상했겠다.' 뒤늦게 후회해도 소용없었다.

나 또한 속이 많이 상했다. 00이는 인근 남고에서도 소문난 예쁜 친구이다. 팬클럽까지 있을 정도로 예쁘고 또한 마음까지 착해 미워할 fp야 미워할 수가 없는 친구인데, 그런 친구가 가만히 나둬도 예쁜 얼굴에 보형물을 넣어서 인조적인 코로 만들었으니 친구로서 속이 안상할 래야 안상할 수가 없었다.

그 친구를 탓하는 것이 아니다. 분명 자신의 100% 의사로 성형을 한 것이 아니라는 것은 그 친구의 지난 행적들을 보면 알 수 있다. 착하고, 순하디 순하고, 외모에 유달리 신경 쓰는 친구가 아니라는 것을 알기에 더욱 속이 상하다. 아마 모르긴 몰라도 소속사의 압박이 있었으리라 추축해보니 '우리나라 연예계가 여고생들의 성형열풍에 일조를 하고 있다.' 라는 생각이 들었다.

요즘 TV를 보면 예능 프로그램, 가요무대, 드라마 할 것 없이 우리와 비슷한 또래 혹은 우리보다 어린 연예인들의 활약이 두드러진다. 그런데 우리가 동경하고, 좋아하는 연예인들이 예능 프로그램에 나와서 너무나도 아무렇지 않게 말을 한다.

"네 얼굴에 조금 손댔어요." 너무 당당히 말해 나는 "아침밥 먹고 왔어요." 같은 일상적인 말을 하는 줄 알았다.

우리는 연예인의 성형발언으로 깜짝 놀라면서 한 편으론 '나도 조금 손을 보면(?) 저 연예인처럼 될까?' 라는 허망한 꿈을 꾸게 된다. 그날로 엄마와 조르기 한판이 시작되는 것이다. '자식 이기는 부모 있으랴?' 엄마는 져주고 또 한 친구가 압구정동 성형외과골목을 들어선다.

내가 알고 있는 또래 친구 중에 가장 먼저 성형을 했던 친구는 같은 반의 스포츠 댄스를 추던 친구였다. 아마 자신이 꿈꾸는 곳이 외모가 뒷받침 되면 자신감을 복돋아주고, 주목 또한 받을 수 있으니 어린 나이에 큰 결심을 한 것 같았다.

중2 겨울방학 때 쌍꺼풀 수술을 한 그 친구는 우리 학교를 말 그대로 떠들썩하게 만들었다. 월래 얌전해서 쉬는 시간에도 자리에 꼭 붙어있는 친구였는데, 그 친구를 보려고 같은 학년의 전 학생이 다 우리 반으로 몰려 왔던 걸로 기억한다. 그 당시에 좀 장난 끼 많던 남자아이들이 그 친구를 향해 장난 섞인 농담도 많이 했었다. 그 만큼 그 당시에 우리에게 '성형' 은 생소했다.

반년이 흐르고 여름 방학 때, 별명이 하회탈이었던 친구가 눈이 김태희 만큼 커져 와서 우리를 깜짝 놀라게 하고, '쌍꺼풀은 기본에 앞트임은 옵션이더라.' 라는 명언을 남긴 옆 반의 친구는 몰라보게 예뻐진 얼굴을 하고 와서 모든 여학생들의 질투 섞인 뒷 담화와 성형외과 이름을 하루에도 100번씩 가르쳐 주는 사태까지 벌어졌다. 그렇게 차츰 우리에게 익숙해 지지 말아야 할 단어인 '성형' 이란 단어는 익숙해져만 갔다.

'눈은 기본이고 코는 옵션이며 보조개는 덤이고 이마는 선택이니라.' 라는 명언은 어느 성형녀께서 한 말인지 모르겠지만, 우리 여고생에겐 성경구절보다 더 익숙한 말이 되었다. 우리 반에 성형한 친구만 해도 5명은 된다. '전교생을 다 따지면 아마 우리학교 대강당을 꽉 채우지 않을까' 라는 무서운 생각마저 든다.

'예뻐지기 위해' 라는 자기만족 때문에 차가운 수술대에 올라 차가운 메스에 얼굴을 맡기는 우리들의 모습은 차가운 겨울바람보다 더 매섭다.

분명 우리 사회가 잘못되어 가고 있다는 건 누구나 알고 있을 것이다. 옛날 조선시대에 '내 머리를 자르려면 내 목부터 쳐라' 라고 단발령을 거부하던 우리의 조상님들이 지금의 성형풍조를 보면 아마 무덤에서 벌떡 일어나 회초리를 가지고 뛰어 오실게 분명하다. 身體髮膚(신체발부)는 受之父母(수지부모)라 不敢毁傷(불감훼상)이 孝之始也(효지시야)라 '부모님께 받은 신체를 상하지 않게 하는 것이 효의 시작이며 밑거름이라' 는 말은 우리가 한 귀로 흘릴 이야기가 아닐 것이다.

물론 내가 왈가불가 할 문제가 아니라는 것 또한 알고 있다. 하지만 내가 말하고 싶은 건 '성형을 하지 말자' 라는 문제 보다는 '어린 나이' 의 성형은 한 번 더 생각해 보고 결정하자는 것이다. 내 주위의 눈과 코를 성형한 친구들을 보면 가끔 이 아이의 눈이 이 친구의 눈 인 것 같고, 이 친구의 코가 연예인 00이와 똑같은 것 같고 모두가 천하일평하게 똑같다는 생각이 든다.

훨씬 매력적이고 예쁘던 친구의 얼굴이 어느새 '같은 얼굴' 이 되어가는 것 같아 마음이 안 좋다. 그리고 무엇보다 우리 나이는 아직 몸도 마음도 완성된 단계가 아니다. 우릴 괜히 미성년자라고 하는 것이 아니라 말 그대로 未成年者(아직 심신(心身)의 발육이 충분하지 않아 판단능력이 부족)이다. 아직 완성되지 않은 밥을 누가 자꾸 열어 본다 거나 쿡쿡 찌르게 되면 분명 그 밥은 찰지고 먹음직스런 밥이 되지 못 할 것이다.

학생들이 성형수술을 생각해 볼 양이면 나중에 몸 과 마음이 완성된 시기인 성년이 되어서 해도 늦지 않으리라 생각해 본다. 우리 친구들 어른이 된 이후에 해도 늦지 않으니 조금 더 나중에 생각해 보자.

청춘이니깐 아프다.

고등학교를 입학하면서 나의 머리카락이 부쩍 빠지기 시작했다. 머리라도 빗을라치면 한 웅큼씩 빠져 나가서 머리빗은 나에게 멀어져만 갔다. 어느새 나는 머리카락 한 가닥에도 예민해져 있었다. 피부과를 가도 나에게 탈모가 아니라 하고, 한의원을 가도 정상이라고 하니 빠지는 머리카락에 나 혼자서 속앓이를 해야 했다. 돌이켜 보면, 그 당시 나는 대학 입시 스트레스가 절정으로 치솟을 때였다.

친구가 공부를 열심히 하는 모습을 보면 초조해 했고, 시험기간에 공부를 안했다고 뻔한 거짓말을 하고, 시험정보를 모르는 척 안 알려준 적도 있었다.

하지만 나만 그런 것은 아니었다. 밤 열두시에 걸려오는 친구의 전화는 대부분 "내가 대학을 갈 수 있을까?" 라며 불안함과 초조함을 드러내는 내용이었고, 우린 매번 같은 위로를 건네고, 같은 고민을 나눴다.

전화를 끊고 나면 불안한 마음에 잠을 자려고 누워도 쉽사리 잠에 들지 못했다. 이유 없는 짜증과 스트레스는 높은 줄 모르고 계속 상승했고, 그러던 어느 날, 문제집을 사러 서점에 들렀을 때 나는 그 해답을 찾았다.

김난도 작가의 '아프니깐 청춘이다' 는 제목만으로 나에게 큰 위로와 해답을 주었다. 그 책의 제목은 나에게 좋은 약보다 효과가 있었고, 백 마디의 충고보다 마음에 와 닿았다. 책은 내 질투와 막연함, 불안함, 고독감이 내가 청춘이니까 그렇다고 위로를 해준다.

친구의 능력이 부러워 질투했을 때, 내 마음은 아파져갔다. 그러면 다음날, 내 머리카락은 한 가닥씩 빠져나갔다. 웬지 모를 불안함과 초조함에 밤잠을 설치면, 내 마음은 또 아프기 시작한다. 내 머리카락은 또 한 가닥 빠져 나간다. 비 오는 날 빗소리를 들으면서 느끼는 고독감에 내 마음은 또 아프고, 내 머리카락은 또 빠져 나간다.

비로소 알겠다. 나는 청춘이라는 열병에 걸려 잠시 아픈 것이고, 내 머리카락은 열병에 아파했을 때 하나씩 빠져나간 것이다. 그날 난 책을 사지 않았다. 나에게 그 책은 제목만으로도 큰 위로와 해결책을 주었다. 때론 막연한 미래에 불안해하고, 돌아오지 않을 시간에 후회를 한다. 책의 끝 편에는 이런 말이 적혀있다. '그대는 지금 몇 시쯤 살고 있는가?'

하루는 24시간, 그걸 분으로 고치면 1440분, 인간의 평균 수명이 80세라고 가정한다면, 1년은 전체 24시간 중 18분이다. 나는 현재 오전 6시를 향해서 가고 있다. 겨울의 끝물을 타고 있는 요즘 같은 추운 날씨에는 7시 반은 되어서야 해가 뜨기 시작한다. 아직 나는 해도 뜨지 않은 새벽녘에 일어나 남은 18시간을 불안해하고, 이미 지나가버린 시간을 후회하고 있는 것이다.

며칠 전 신문에서 한 기사를 접했다. 960번 만에 면허증 딴 차사순 할머니의 도전과 집념.

차사순 할머니는 운전면허증을 따기 위해서 5년간 959번의 실패와 960번째 도전에서 운전면허증을 딴 것이다. 기사에서 할머니는 환하게 웃으며 "나 같은 70세 할머니도 하는데 누구나 하고자 하는 바가 있다면 뭐든 이룰 수 있지 않겠어요?"라고 말하셨다.

그렇다. 할머니는 65세의 첫 도전을 시작으로 끝없는 실패를 맛보았지만, 또 한 번의 도전을 택한 차사순 할머니야말로 청춘의 한 자락에 서있다. 할머니를 생각하면 나는 지금 해도 뜨지 않은 시간에 괜한 초조함을 자지고 있는 것 같다. 몇 번이고 실패를 할 수 있고, 다시 도전할 수 있는 나의 청춘이 불안함 때문에…

나는 지금 청춘의 한자락에 서 있다. 내가 아픈 것은 어쩌면 당연한 것일지도 모른다. 내 머리카락이 빠지는 것도 어쩌면 당연할 지도 모른다. 아픈 것은 청춘의 특권이라고 하면 나는 마음껏 아프고 싶다. 그리고 성숙해지고 싶다. 훗날 이 시절이 생각나서 나도 모르게 코끝이 찡해지는 아련함을 맛보고 싶다.

청춘은 아프다. 그래서 나는 아직도 아프다.

▲ 친구들과 함께 즐거운 한때

사람은 무엇으로 사는가

of the love, by the love, for the love
(사랑의, 사랑에 의한, 사랑을 위한)

때때로 우리는 책의 제목이 나에게 질문하고 있음을 느낀다. 톨스토이의 '사람은 무엇으로 사는가?' 의 경우가 그러하다. 이 책은 내게 묻는다. 사람은 무엇으로 사는가? 그리고 친절하게 마지막에 가서는 답을 내준다. '사람은 사랑으로 살아간다.'

이 소설의 주인공 미하일은 원래 천상에 사는 천사였지만 남편 없이

2명의 자식을 키우던 한 어머니의 목숨을 가져 오라는 하나님의 명령을 어겨 땅으로 내려오게 된다.

미하일은 구두 기술자인 세몬을 만나 인간세상에서 살아가면서, 인간의 삶 속에서 하나님이 내린 세 가지 질문에 대한 답을 찾게 된다. 매우 가난한 생활을 하지만 추운 날씨에 옷도 제대로 입지 못한 미하일을 차마 내쫓지 못하고 집에서 살수 있도록 받아준 세몬의 아내 마뜨료나를 통해 '사람의 마음 속 에는 무엇이 있는 가?' 라는 첫 번째 질문이 사랑이라는 것을 알게 되고, 큰 재력과 권력을 가지고 있는 신사가 자신의 죽음을 알지 못하는 것을 통해 '사람에게 허락되지 않는 것은 무엇인가?' 라는 두 번째 질문이 죽음을 뜻한다는 것을 깨닫게 된다.

6년 후, 마지막 질문인 '사람은 무엇으로 사는가?' 라는 물음을 자신이 목숨을 빼앗지 못하고 인간세상으로 내려 올 수밖에 없었던 불쌍한 부인의 아이들을 만나게 되면서 찾게 된다. 아이들은 엄마를 잃었지만 친 자식처럼 보살펴 주는 어느 여인에 의해 잘 자라고 있었다. 아이들을 보고 난 후, 미하일은 결국 세 가지 물음에 대한 답을 모두 찾아내었고, 그는 다시 천사가 된다. 인간은 자신만을 위한 삶을 살아가기 위해 사는 것이 아니라 남을 위하는 사랑과 배품으로 살아간다는 것을 깨닫게 된다.

사람은 누구나 살아간다. 그리고 공상이 많아지는 사춘기 때 누구나 다 '인생이란 무엇인가?, 왜 사는 건가' 라며 스스로에게 의문부호를 붙여보기도 한다. 이 물음에 톨스토이는 모든 인간은 자기 자신만을 생각하고 걱정하며 살아가는 것이 아니라, 사람에 의해 즉 더불어 살아가기 위해 살아가는 것이, 사는 의미라고 함축한다. 짧은 내용이지만 책이 주는 깨달음은 크다. 며칠 전, 세계가 주목했던 칠레 광부들의 이야기를 통해서 책의 내용을 다시금 곱씹어 볼 수 있었다. 광산의 붕

괴로 지하 700m아래 그 지옥 같은 곳에서 살아 돌아온 그들은 매몰지에서 나온 직후 "우리는 싸우길 원했고, 가족을 위해 싸웠다."라고 말하며 이는 위대한 일이었다고 덧붙였다.

조금의 빛도 들지 않는 곳에서 기약 없는 구출을 기다리는 그들을 버틸 수 있게 한 것은 가족에 대한 '사랑' 이었다.

세상엔 많은 사랑이 존재한다. 부모 자식 간의 사랑, 친구들 간의 사랑, 연인들 간의 사랑, 그리고 같은 인간이기에 느끼는 이웃 간의 사랑. 그것들은 보이지도 들리지도 않지만 분명 세상에 존재하고, 그것들로 하여금 우리는 살아가는 에너지를 받게 된다.

많은 사람들이 사춘기 시절처럼 스스로에게 질문하지 않는다. 그리고 잊고 살아가기도 한다. 그러나 잊지 말아야 한다. 사람과 사람간의 사랑이 있기에 내가 있고 네가 있는 것임을.사랑이 있기에 우리가 사람답게 살아갈 수 있는 것임을. 우리는 잊지 말아야 한다.

톨스토이가 내게 묻는다. 당신은 무엇으로 사는가? 내가 말했다. 나는 사랑으로 살아간다. 그리고 내가 묻는다. '당신은 무엇으로 사는가?'

〈 명일여고 교내 독후감 대회 장려상 수상 작품 〉

물망초

한반도가 잿빛이 되던 그날은 1950년 6월 25일 새벽녘이었다. 한반도를 지나는 북위 38도선을 기준으로 이북을 점유하고 있던 조선민주주의인민공화국의 조선인민군이 38도선을 넘어 이남의 대한민국을 남침하면서 발발한 6 · 25전쟁은 현재까지 같은 형제들이 선 하나를 경계로 하여 서로를 향해 총을 겨누는 사태를 만들었다.

작년은 6.25가 일어난 후 60년이 흐른 해라고 한다. 하지만 세계인의 축제인 월드컵에 뒷전이 되어버려 전쟁의 참상과 나라를 위해 순국

하신 많은 이들의 숭고한 정신을 상기시키지는 못했다. 10년이면 강산도 변한다고 하는데 60년 전 슬픈 이야기는 이제 우리 기억 속에 흐릿해 지는 것일까?

작년, 우리학교는 현충원으로 체험학습을 갔다. 매년 하는 행사이고 한 시간이 넘는 곳으로 직접 찾아가야 하는 것이 여간 귀찮은 게 아니었다. 국립묘지에 도착한 후 묘지 주변을 깨끗이 정리하는 것이 오늘의 활동이었지만 우리는 매의 눈인 담임선생님을 피해 요리 조리 꾀를 부리며 그늘에 앉아 쉬기도 하고 친구와 수다 삼매경에 빠지기도 했다.

우리 반이 맡은 곳은 6 · 25전쟁 때 학도병을 지원하여 전쟁에 참가한 소년병들의 안식처였다. 뜨겁다 못해 날카로운 여름 볕을 이기지 못하고 나는 봉사활동을 하는 등 마는 등 꾀를 부렸고, 주변의 친구들도 한명 씩 나무 그늘을 찾아 왔다. 끝까지 땀을 흘리며 비석을 닦던 우리 반 친구 하나가 조용히 비석을 향에 대화를 하기 시작한 것은 내가 부채질을 하며 땀을 닦아내던 그때였다. 비석을 정성스레 닦으며 이야기를 하는 친구를 보면서 '오바 하는 구나' 라고 속으로 생각했다. 입밖으로 내색은 안했지만 같은 반 친구들도 여럿 웃음끼가 배어있는 입술을 하고 그 친구를 쳐다보는 것 같았다.

집으로 돌아가는 길에 옆 반의 한 친구가 비석을 닦다가 눈물을 보였다는 이야기를 듣고는 나도 모르게 코웃음을 치기도 했다.

체험활동을 갔다 오고 이튿날 한문시간에 선생님께서 6 · 25 전쟁의 참혹했던 이야기를 해주시면서 말을 채 잇지 못했다. 수업시간에 교실에서 눈물을 보이는 선생님을 보면서 우리는 당혹감을 감추지 못했고, 나는 따라 울었다.

현충원을 갔다 온 그날, 나는 71명의 학도병들이 전선의 최남방이 되어버린 포항을 지켜내야 하는 이야기를 바탕으로 만든 영화를 보았다. 영화가 끝나갈 무렵 눈물과 함께 가슴에서 찌릇찌릇하게 올라오는 것은 안타까움과 고마움이었다. 펜 대신 총을 든 소년병들은 나와 같은 또래거나 나의 두 살 어린 남동생보다 더 적은 나이의 학생들이었다.

한문 선생님을 눈물짓게 한 것은 그 분들의 숭고한 정신을 기리는 것이었고, 내 눈물은 전쟁을 직접적으로 경험하지 못한 세대로서 전쟁이라고 하는 실체를 알지 못한다는 핑계로 그들을 잊은 나를 꾸짖는 것이었다.

60여년이 흐른 지금, 대한민국의 아픈 상처는 이제 눈에 보이지는 않는다. 그렇다고 우리의 상처가 없어진 것은 아니다. 6월에 피는 물망초는 작고 연약해 보인다. 하지만 절벽과 같은 바위 틈 사이에서도 잘 자란다고 하니 보이는 것만큼 연약하지는 않는가 보다. 시린 아픔을 간직한 것 같은 푸른색의 꽃을 보면서 지옥과 같은 전쟁터에서 굴하지 않았던 숭고한 정신이 생각나는 것은 왜일까? 물망초의 꽃말은 '나를 잊지 마세요' 라고 한다. 나는 잊고 있었고, 우리는 잊고 있었지만, 잊지 말아야한다.

그들을 잊지 말아야한다.

어머니!

어서 전쟁이 끝나고 어머니 품에 안기고 싶습니다.

–학도병 이우근이 어머니께 보내는 편지中에서 (당시 그의 나이 16살)

▲ 어린시절 동생과 함께

골프와 추억

누군가 나에게 초등학교 시절을 묻는다면 단 두 마디로 말해줄 수 있다. '골프' 와 '외로움' ,원래 골프는 외로운 스포츠다. 구기이면서 혼자 하는 몇 안 되는 운동이기 때문이다. 내가 골프를 하게 된 계기는 초등학교 3학년이 되면서 급격히 찌기 시작한 '살' 때문이었다.

한창성장기였던 나에게 엄마는 당시 자신이 배우던 골프장에 데려가 다이어트 겸 운동을 하게 했다. 성장판이 많이 있는 손을 쓰는 운동이므로 나는 골프를 배웠던 초등학교 당시 평생 클 키를 다 컸다고 해도 과언이 아니었다.

그렇게 시작된 골프와의 인연은 박기정 프로님을 만나게 되면서 달라졌다. 취미로 시작한 운동이었지만 워낙 덩치가 좋아 힘이 좋았고, 지구력도 뛰어난 내가 프로님 눈에는 될 성 잎은 나무였나 보다. 물론 내 힘은 정말 좋았다. 초등학교 저학년이었던 당시에도 드라이버를 치면 180야드씩 날렸으니까.(박세리의 평균 드라이버샷 비거리 240야드 정도다.)

그렇게 내 나이 10살에 멋모르고 시작한 골프 꿈나무의 길이었다. 그냥 취미로 친 골프에서 프로 골퍼를 희망하며 운동선수가 된 과정은 아직도 잘 모르겠다. 기억이 안 나는 것 일 수도 있어서 며칠 전에 엄마한테 물어봤더니 내가 하고 싶다고 말했단다. 아마 당시 취미로 하던 골프가 어린 마음에 재미있었나 보다. 하지만 내가 생각했던 것과 달리 골프는 재미있는 운동이 아니었다. 아니, 취미에서 꿈나무가 되기로 마음먹었을 때 이미 나에게 '골프' 는 심심풀이 땅콩이 아닌 '이거 아니면 안 되는 운동' 이 된 것이다.

아직도 골프를 했을 당시를 생각하면 눈물이 핑 도는 이야기들이 있다. 그만큼 힘들었다. 운동선수를 한다는 것이. 가장 먼저 생각나는 일화는 '고속도로 달린 날의 기억' 이다. 내 골프 프로님은 엄격하고 무서웠다. 나는 어렸을 때 프로님이 세상에서 가장 무서웠다. 나에게 얼마나 무서운 존재였는지는 다음의 이야기를 들으면 알 수 있다.

당시 나는 2주에 한 번씩 필드를 나갔다. 나는 운동선수였으므로 많은 시간을 필드에서 연습하면 할수록 좋았다. 그래서 매번 간 시간이 새벽이었다. 아직 해도 안 뜬 새벽에 처음으로 필드를 돌면 일명 '대통령 골프' 를 할 수 있었다. 뒤에 오는 팀이 없거나 늦게 오기 때문에 느긋하게 연습을 할 수 있기 때문이다.

그래서 프로님과 나는 항상 해가 뜨지 않는, 새벽이라고도 할 수 없는 시각에 골프장을 향해 출발했다. 하지만 아직 초등학생인 나는 그 시각에 눈을 뜨고 있는 게 여간 힘든 게 아니었다. 세상에서 제일 무거운 눈꺼풀이 내려가면 그때부턴 속수무책이었다. 그때 운전을 하던 프로님이 "다솜이 눈"이라고 크게 외치면, 나는 항상 눈을 번쩍 뜨고 "안 잤어요."라고 고개를 절래절래 흔들었다. 프로님은 내가 자고일어나 부스스한 상태로 필드를 도는 것을 원치 않았고 2~3시간 걸리는 골프 클럽을 갈 때마다 내가 눈을 번쩍 뜨고 있길 원했다. 그래도 조금은 눈을 부치게 하고 갈 수 있었겠지만, 프로님은 항상 눈을 번쩍 뜨고 가게 했다.

그러다 한번은 꾸벅 꾸벅 조는 나에게 "한 번 더 졸면 뛰어서 오게 한다."라고 으름장을 놓았고, 나는 설마 '고속도로에서 뛰게 하겠어.' 라는 생각을 했다. 하지만 그 설마가 사람 잡는다고 진짜 고속도로에서 뛰게 할 줄은 몰랐다. 나는 그로부터 몇 번의 경고를 듣고도 눈꺼풀을 이기지 못해 정말 고속도로를 뛰는 상황을 만들었다.

"내려"

"......................잘못했어요."

하지만 이미 말한 것은 꼭 실천하는 프로님께 내 이야기는 통하지 않았다.

"빨리 내려"

그 말을 끝으로 나는 차에서 내렸다. 고속도로 갓길에 내려 본 것은 정말 화장실이 급해 명절날 눈물을 흘리며 내릴 수밖에 없었던 일을 제외하곤 처음이었다. 정말 나를 내려주고 미련 없이 떠나는 차를 보면서 그렇게 황망히 홀로 고속도로에 서 있었다. 그렇다고 다시 돌아올 프로님이 아니었다. 나는 뛰기 시작했다. 분명 프로님이 가다가 차를 세웠을 것이라고 생각했다. 그리고 뛰었다. 또 뛰었다. 그렇게 한참을 뛰었다. 하지만 내가 그렇게 간절히 보길 원했던 하얀색 차는 보이지 않았다. '정말 골프 클럽까지 고속도로를 뛰어서 가라는 건 아닐까?' 라는 생각에 눈물이 핑 돌았을 무렵 내 눈에 차가 보이기 시작했다.

그때 기쁨이란 말로 표현할 수 없었다. 그렇게 차에 탔을 때 프로님은 왜 이렇게 늦게 왔냐고 더 늦었음 정말 놔두고 갔을 것이라고 했다. 뛰길 잘했다고 가슴깊이 생각했다.

그 뒤로도 나는 국도와 시골길을 몇 번 더 뛰었다. 그리고 아직도 그 습관이 남아서 차를 타면 잘 안 자게 된다. 내 남동생은 나와 반대로 차만 타면 이제 막 돌 된 애처럼 잠을 그렇게 잘 잔다. 하지만 난 몇 년간 노력의 흔적이랄까. 차를 타고 갈 때 웬만하면 잠이 들지 않는다.

고2 마지막 수학여행을 갔을 때도 마지막 날, 모든 아이들이 넉 다운되어 버스에서 꾸벅꾸벅 졸았을 당시에 나는 눈을 번쩍 뜨고 있었다. 이게 습관의 힘인가. 아직도 몸 속 깊이 '홀로 고속도로 달리기' 의 두려움이 남아있었나 보다.

그날 친구가 나한테 너는 안자냐고 물어봤는데 그때 속으로 생각했었다. '너도 고속도로 한번 달리면 눈이 번쩍 뜨일게다.'

골프와 추억2

요즘 초등학생은 여름방학이든, 겨울방학이든 방학이면 엄마 손에 끌려 다니다 보니 할머니 집으로 놀러가거나 친구들과 잠자리채를 들고 벌거숭이처럼 뛰어다니지 못한다.

물론 내가 초등학생일 때도 주변의 친구들이 자연을 벗 삼아 논 것은 아니었다. 그때의 초등학생들도 학원이다 캠프다 해서 학교 다닐 때보다 더 바쁘게 하루하루를 보냈었다. 물론 나도 누구 못지않게 바쁜 방학을 보냈었고, 그래서 방학이 너무 싫었다.

언제부턴가 나는 프로님 집에서 합숙을 하게 되었는데, 그 뒤로 집에서 자는 건 한 달에 한번 정도, 그것도 정기적인 게 아니었다. 어쩌다 프로님이 주는 게릴라식 휴가였다. 그때는 어린마음에 엄마, 아빠가 어찌나 보고 싶었는지. 지금도 그때를 생각하면 금세 코끝이 아려온다.

한 달에 한 번 집에 갈 수 있는 나에게 부모님을 볼 수 있는 시간은 학교가 끝나고 골프장에 가기 전 시간뿐이었다. 그땐 집에 가서 온갖 먹고 싶은 걸 다 먹고, 엄마 얼굴도 아빠 얼굴도 볼 수 있었고, 초등학생답게 땡깡도 부릴 수 있었다. 그래서 나는 당시에 하교시간이 제일 좋았다.

하지만 방학을 하면 학교를 가지 못하니까 집에도 갈 수 없었다. 그리고 더군다나 시간도 더욱 많아져 골프장에 있을 수 있는 시간도 늘어났다. 그렇게 해서 방학이 되면 나는 골프장 문 열 때 와서, 문 닫을 때 가는 손님이 됐다.

그러고 보니 기억나는 일화가 있는데 아직 요령이 없을 때였다. 당시 나는 프로님이 너무 무서워서 '쉬는 건 농땡이다' 라는 생각이 머릿속에 각인되었다. 그래서 편하게 의자에 앉아서 쉬지도 못하고, 한 시간에 한 번씩 화장실에 가서 변기에 앉아서 쉬었다. 그렇게 몇 번을 하니까 골프장에 있던 다른 골프 프로님이 쉬고 싶으면 화장실 말고 의자에 앉아 쉬라고 했는데 그 말을 듣고 얼마나 창피하던지. '아무도 모를 꺼라.' 고 생각했지만 골프장에 있는 많은 사람들이 내 행동을 이상하게 본 것이 틀림없었다. 어린애가 자꾸 화장실에 들락거리니 이상하긴 이상했을 것이다.

어느 모 프로그램에서 보니까 박세리 선수는 하루 12시간을 쳐도 지치지 않고, 어떤 날은 새벽까지 골프연습을 했다고 한다. 하지만 나는 하루 12시간동안 치는 골프가 지겨웠고, 부모님이 너무 보고 싶었다. 그래선지 개학날을 누구보다 기다렸고, 학교가기를 좋아했었다. 그렇다고 당시에 내가 친구가 많았던 것은 아니었다.

같은 또래 친구들 눈에는 분명 내가 별종이었다. 4교시만 하고 집 가는 아이, 골픈가 뭔가 한다는 아이, 수련회, 소풍은 매번 빠지는 아이. 그런 내가 친구들 눈에 좋게 보일 리가 없었다.

지금이랑 성격이야 똑같았지만 내가 말하는 친구들은 손에 꼽을 수 있었다. 초등학교를 입학하고 나서 처음부터 이런 것은 아니었다. 1학년, 2학년 때는 급식을 깨끗이 먹으면 하나씩 붙여주는 '칭찬스티커'를 10개 채우고라도 짝꿍하고 싶은 친구 NO.1이었다.

골프를 시작하고 나서도 몇 년은 괜찮았다. 하지만 반 강제로 머리를 짧게 자르고, 점점 학교 친구들과 같이 하는 활동이 짧아지면서 나는 흔히 말하는 왕따가 됐다. 친했던 친구들과 멀어지고, 안 친했던 친구와는 더 거리가 생겼다. 그러던 중 수련회를 갔었고 점심밥을 먹고 나서 주는 쉬는 시간에 같이 놀 친구가 없어서 혼자 늘 빵빵 돌랐었다. 몇 바퀴를 걸었는지 기억이 안 날정도로 많이 돌면서 속으로 많이 울었던 것 같다. 그래서 나는 골프가 더 미웠는지 모른다. 나에게 골프는 엄마, 아빠를 못 보게 하는 원흉. 12살, 한창 외모에 신경 쓸 나이에 남자보다 더 짧게 숏커트를 하게 만든 원흉. 친구들과 멀어지게 만들고 학교에서 외롭게 만든 원흉이었다.

골프를 시작하고 나를 아는 주위의 어른들은 꼭 연습이라도 한 것처럼 "다솜아 골프가 재미있니?"라며 물었다. 한때는 '내 얼굴에 그 질문이 써 있는 게 아닐까?' 라는 생각을 할 정도로 많이 들었다. 그건 공부하는 학생들에게 "너 공부가 재미있지?"라고 물어보는 것과 같았다. 하지만 질문을 하는 사람들의 눈에는 하나같이 '재미있겠지, 재미있다고 얼른 대답하렴.' 이라는 기대감이 서려있었다.

나는 사실 많이 힘들었다. 하지만 부모님이 기대하고, 주변 사람들이 응원했었다. 그래서 힘들어도 힘들다고 말하면 안 되는 줄 알았다. 그땐 그랬었다. 그래서 질문을 받으면 항상 생각할 것도 없다는 듯이 "네 당연하죠."라고 대답했다.

부모님이 안 힘드냐고 물어봐도 괜찮다고만 대답했다. 하지만 골프를 치면서 나는 너무 외로웠었다. 항상 부모님 품이 그리웠었고, 집이 그리웠었고, 친구들이 그리웠었다. 그래서 골프가 미워졌는지 모르겠다. 나에게 골프는 항상 외로움이었다.

골프와 추억3

골프도 주니어 대회가 있다. 골프를 하고 고작 1년쯤 됐을 때, 경험 삼아서 주니어 골프 대회를 나갔다. 첫 대회라는 기대와 불안감이 나를 들뜨게 했고, 긴장 시켰다. 당시 나와 같이 홀을 돌던 선수 중에 나는 가장 어렸었다. 4명이 같이 라운딩을 했는데 역시 어려선지 18홀을 돌면서 경쟁자라는 생각보다 친한 언니 동생 같다는 기분으로 시합을 했던 것 같다. 그래서 나중엔 꽤 친하게 지냈는데 문제는 마지막 홀, 18홀에서 시작됐다.

주니어 대회는 프로 골퍼대회처럼 갤러리들이 선수들을 따라다니면서 홀을 돌 수 없었다. 하지만 마지막 홀인 18홀에선 관람이 허용되므로 선수들의 부모님과 프로님이 대부분 거기서 대기를 하고 있었다. 이윽고 마지막 홀이 오고 그때까지만 해도 웃고 떠들면서 시합을 하던 4명이 사뭇 진지해졌다. 얼굴은 비장함이 돌기까지 했다. 물론 나도 마찬가지였다.

역시 부모님과 갤러리들이 지켜본다는 생각이 그때까지도 웃고 떠들던 간 큰 꼬마 골퍼들에게 긴장을 만들었던 것 같다. 긴 잔디밭 끝에 있는 그린 너머로 갤러리들이 보였을 때는 나도 엄청 긴장했다. 아까까지만 해도 없었던 함성과 응원의 박수가 저 멀리에서 들리니, 시합을 하는 어린 선수들의 스윙이 딱딱해진 것 말할 것도 없었다.

하지만 역시 나는 무대체질이었다. 함성과 응원의 박수를 들으면서 약간의 설렘도 같이 느꼈었고, 또래 애들보다 힘 좋은 샷으로 그린에 가장 빨리 공을 올렸었다. 그린에 가까워질수록 갤러리들의 목소리가 들렸다. “재 대단한데” 아마 그때 지켜보던 프로님 어깨가 으쓱했을 것이다. 하지만 내가 너무 들뜬 게 문제였다. 가장 먼저 공을 올렸지만 홀에서 공이 가장 떨어져 있었으므로 나부터 퍼팅을 시작했다. 긴장으로 홀에서 택도 없는 거리에 공이 섰다. 그리고 또 한 번 퍼팅을 하려고 나섰다. 그게 문제였다.

원래 퍼팅은 홀에서 가장 먼 사람부터 순서대로 돌아가며 하게 되는데 그때 내가 가장 먼 거리였고, 한 번의 퍼팅 후에도 여전히 제일 홀에서 멀었다. 그래서 망설임 없이 한 번 더 퍼팅을 하려고 다가갔고, 갤러리 쪽에서 이상한 반응이 나왔을 때 내가 잘못하고 있다는 것을 눈치챘다.

퍼팅을 연달아 두 번 하고나서 더욱 긴장됐던지 결국 마무리도 좋지 않았다. 그렇게 시합이 끝이 났다. 나는 오지 못한 부모님대신 보고 있던 프로님한테 갔다. 그리고 화난 얼굴로 서 있던 프로님한테 뺨을 맞았다. 놀래서 쳐다봤는데 선생님은 '너 골프 치는 애 맞냐?' 고 물었다. 퍼팅을 연달아 두 번 한 것이 역시 문제였다. 긴장한 내 눈엔 내 공이 가장 멀어보였지만 멀리서 봤을 땐 같이 시합을 한 선수들의 공이 더 멀었었고 시합을 보던 갤러리 쪽에서 난리가 났던 것이다. 프로님은 내가 창피했다고 한다.

그게 나의 첫 시합의 기억이었다. 그때 눈물이 쏙 나올 정도로 혼이 나고도 정작 울진 않았다. 하지만 그날이 있은 후 며칠 후 펑펑 울게 되는 일이 생겼다. 바로 머리를 강제로 짤린 날인데 그때 미용실에서 대성통곡을 했었다. 여자에게 머리카락은 뇌를 보호하는 단백질 덩어리 이상의 가치를 가지고 있다. 그래서 항상 머리에 대한 관심이 끊이지 않는 건 여자라면 당연한 거고, 그건 나 또한 마찬가지였다.

매일 골프장에서 머리를 묶었다 푸는 내 모습이 못마땅해 보인 프로님이 머리를 자르라고 한 것은 시합이 있고 얼마 지나지 않아서였다. .

나에겐 천청벽력 같은 소리였다. 외모에 한창 관심 많은 나이였다. 더군다나 선생님께서 제시한 머리는 숏커트였다. 자르기 싫다고 고집부린 것도 잠시였다. 결국엔 프로님 말대로 머리를 자르게 됐다. 왜 머리를 잘라야 되냐고 묻는 나에게 "머리에 신경 쓸 시간에 골프에 신경써"라는 것이 대답이었다. 그렇게 울며 겨자 먹기로 미용실을 갔다. 숏커트를 쳐달라는 소리에 미용사가 괜찮냐고 물었을 때 눈물이 나기 시작했다.

내가 머리카락이 나기 시작했을 때부터 지금까지 그렇게 짧았던 것은 신생아 시절을 제외하곤 없었다. 자르면서 눈물이 얼마나 났는지 모른다. 펑펑 흐르는 눈물 콧물에 머리카락까지 붙어있는 내 모습이 불쌍해서 미용사가 남겨놓은 애교머리도 나중에 프로님 프로님께 짤린 것은 미용실에서 펑펑 울고 난 뒤에 일이었다.

첫 시합이 끝나고 호되게 혼났을 때도 울지 않았던 나였지만, 머리카락을 자르면서 어찌나 눈물 콧물을 뺐는지 모른다. 골프를 치면서 가장 기억에 남는 눈물이 시합을 망쳤을 때가 아니고, 머리카락을 강제로 짤렸을 때의 기억이라서 조금 웃기기도 하다.

그래서 나는 이해가 된다. 남고에서 강제로 머리를 짧게 자르고 오라는 학생주임 선생님의 목소리를 피해 새벽 6시에 등교를 하는 남학생들이. 아마 그들도 그때의 나와 같은 마음인지 모르겠다. 그렇다면 그들이 바리깡을 들고 다니는 선생님들 눈에 띄지 않기를 마음속으로 작은 응원을 보낸다.

골프와 추억4

그게 어제 부터였을까? 골프를 그만둬야겠다는 생각을 했던 게. 기억은 잘나지 않지만 아마 꽤 오래 전부터 생각했던 것 같다. 하지만 그만두지 못하고 몇 년을 더 했던 것은 골프를 하면서 많이 떨어진 내 성적에 대한 부담과 주변의 기대에서였다. 아니, 더 솔직해지자면 그 모든 게 두려웠다. 몇 년을 했던 골프를 그만둘 만큼 공부를 잘

할 수 있을까라는 생각과 나에게 온갖 기대를 하는 부모님의 한숨소리가 듣고 싶지 않았다.

"골프 그만 둘래?" 라고 몇 번 엄마가 물어본 적이 있었다. 그때마다 나는 "괜찮아" 라고 대답을 했었는데, 나중에 내가 그만둔다고 했을 때 엄마가 왜 그때 말하지 않았냐고 물었다. 질문을 하던 엄마의 눈빛이 나에게 말했다. '다솜아, 네가 나의 희망이야' 나는 그 눈빛을 단호하게 내치지 못했다. 더군다나 주변에선 나에게 골퍼로서의 재능이 충분하다고 했다. 그래서 나는 두려웠는지 모른다.

그렇게 쌓이고 쌓인 한마디가 목구멍 끝까지 찼을 때였다. 프로님이 머리를 더 짧게 자르고 오라고 했다. 나는 머리를 기르고 싶어서 조금 반항을 했지만, 결국 미용실을 향해 길을 걸었다. 혼자 걷는 길 위에서 많은 생각을 했다. '과연 이 길이 내 길이 맞을까?' '나는 진정 내가 하고 싶어서 하는 것일까?' 그동안 수 없이 던진 질문이었다. 결론은 나와 있었지만 항상 두려워서 외면했었다. 몇 년을 내 꿈이라고 여겼다. 앞으로의 미래라고 생각했었다. 한꺼번에 그 꿈들을 버리는 건 아직 어린 내게 두려운 일이었다.

그날 용기를 내서 엄마에게 전화를 했다. 전화를 건 장소는 동네 공중화장실이었다. "나, 골프 그만둘래." 그 말을 하면서 울었던 것 같다. 냄새나는 화장실에서 결국 몇 년간 참았던 말을 꺼낼 수 있었다. 처음 듣는 내말에 엄마는 당황한 것 같았고, 전화를 끊고 내 마음은 가뿐해졌다. 마음 속 저 깊은 곳에서부터 쌓이고 쌓였던 응어리가 풀리면서 앞으로의 미래에 대한 확신도 들었다.

그리고 나서 프로님을 만났다. 내 고백이 있은 후, 며칠 동안 우리 집은 폭풍이 휘몰아쳤다. 내 예상대로 부모님과 프로님은 반대를 했고 한번 입 밖으로 나온 내 결심은 단호했다. 엄마 아빠는 처음에 나를 회

유했고, 나중엔 화를 냈다.

부모님들에겐 몇 년간의 기대와 꿈이 무너지는 순간이었을 것이다. 당시에 부모님도 울었고, 나도 울었다.

지금도 자신의 꿈을 향해 달리는 청소년들이 있을 것이다. 나도 지금은 새로운 꿈을 꾸며 미래를 만들고 있다. 하지만 문득 문득 생각할 것이다. '이게 과연 내 꿈일까?' 누군가의 기대와 강요로 가고 있는 게 아닐까. 이윽고 질문의 결론이 나지만 실행엔 옮기지 못한다. 두렵기 때문에. 나도 몇 년을 고민하고 생각하니 나온 대답은 결국 아닌 건 아닌 거였다. 내 꿈인 줄 알고 달려갔는데, 마지막에 보니 부모님의 꿈이었다. 나에게 기대하는 사람들의 꿈이었다. 하지만 새로운 길로 다시 시작한다는 게 무서워서 결심하지 못한다.

요즘 나의 새로운 꿈은 글을 쓰는 사람이다. 그리고 부모님은 내 꿈에 어느 누구보다 큰 지지를 해주고 뒷받침을 해준다. 부모님의 꿈이 내 꿈이 아니라, 내 꿈이 부모님의 꿈이 된 것이다. 그날 화장실에서 펑펑 울면서 엄마에게 전화를 하지 않았다면 아직도 나는 골프가 내 꿈인줄 착각하고 있을지 모른다. 아니면 아직도 무서워서 결심하지 못했을지도 모른다. 사실 내가 골프를 그만뒀을 때, 나는 주변 사람들이 왜 그만 뒀냐고 물어보는 소리에 진저리를 쳤다. 그래서 당시에 골프가 너무 싫었고, 나에게 별 도움도 되지 않았다고 생각했다.

지금은 생각이 많이 바뀌었다. 비록 내 길은 아니었지만 골프를 하고 나서 나는 많은 것을 얻었다. 또래보다 성숙한 생각을 얻었고, 어른스러운 마음을 갖게 되었다. 그리고 힘들어도 절대 포기하지 않는 지구력을 얻었다. 남들은 해보지 못한 소중한 경험 또한 얻었다. 이 경험들은 어른이 되도 나의 밑거름이 되어 꽃을 피울 수 있게 도와줄 것이다.

그리고 어렸을 때는 골프뿐만 아니라 골프 프로님도 미워했다. 너무 힘든 생활에 나를 미워하는 게 아닐까라는 생각도 했었다. 최근에 엄마가 나에게 이야기 해준 게 있었다.

프로님이 내가 골프를 그만뒀을 당시에 많이 우셨다고 한다. 내게 가장 많은 기대를 한 건 어쩌면 첫 제자를 키우던 프로님이었는지 모른다. 그래서 더 모질게 대했는지도. 더 훌륭한 선수가 됐으면 하는 마음에 더 힘든 훈련을 시켰는지도 모르겠다. 미워했고 무서워했지만 프로님은 나에게 부모님이었고, 선생님이었고, 친구였다. 미워했지만 또 사랑했던 나의 골프 프로님에게 이제야 감사하다고 말할 수 있을 것 같다.

내 인생에서 골프라는 운동은 땔래야 뗄 수 없는 추억이다. 물론 지우고 싶은 것도 있겠지만, 이제는 고맙다. 그리고 앞으로도 골프를 하면서 느낀 많은 생각과 경험들이 내 인생에 도움 될 것이라는 생각은 믿어 의심치 않다.

나의 초등학교 시절의 꿈은 이제 내게 소중한 추억이 됐다.

우리사회의 안전 불감증에 대하여

나는 뉴스를 보고 너무 놀랐다. 내가 자주 가는 천호동 로데오거리 근처에서 건물 리모델링 공사를 하던 중 건물이 무너져 내려 인부 2명이 숨졌다는 보도에 가슴이 놀라지 않을 수 없었다.

천호동 로데오 거리는 송파구에 있는 문정동 로데오 거리와 더불어 젊은이들의 거리이기 때문에 더욱 더 놀랄 수밖에 없었다.

요즘 뉴스를 보면 우리사회의 안전 불감증이 얼마나 심각한가를 적나라하게 보여준다. 7월 21일 같은 날, 경기도 연천에서도 아파트 공사장 거푸집이 무너져 내려 인부 2명이 다쳐 병원에서 치료를 받고 있다는 소식도 들었었다.

더욱 안타까운 소식은 천호동 사고에서 죽은 인부 K씨는, 16년 전 페루출신의 아내를 만나 5남매를 둔 착실한 가장이었다는 사실이다. K씨 가정은 비록 여유롭진 못했으나 행복한 가정생활을 이어갔으며, 단란하고 화목한 가정을 이루었다고 한다.

더군다나 이날 사고는 처음엔 다른 사람이 가기로 되어있어 있었으나, 인천에 살고 있는 K씨가 2시간이 넘게 걸리는 천호동까지 와서 사고를 당했다고 하니 더욱 더 주위에 안타까움을 자아낸다. 갈수록 서민생활이 어려워 일용노동자들이 2시간이 넘는 먼 거리까지 가서 일을 해야 하는 현실이 답답하게 느껴졌다.

얼마 전 집권당인 한나라당 대표가 서민물가를 몸으로 직접 느끼기 위하여 재래시장을 돌아보는 소식을 신문에서 읽은 적이 있었다. 아직 나는 학생이기 때문에 물가 안정이나 안전 불감증 같은 이야기는 실질적으로 와 닿지는 않는다, 그러나 제대로 된 작업현장에서 일하지 못하고 한 가정의 가장이 죽음을 맞이하게 된다면, '그 가정의 아이들은 어떻게 이 험난한 사회에서 제대로 살아갈 수 있을까?' 라는 안타까움이 들었다.

안전 불감증이란, 안전에 대해서 주의하지 않는 증세라는 뜻이며, 설마 내가 어떻게 되겠냐는 식의 생각을 가지고 자신이 사고를 절대로 당하지 않는다는 등의 생각을 가지는 것을 뜻한다고 한다.

나도 예전에 '설마 나에게~' 라는 생각에 겁 없이 사고를 친 적이 한두 번이 아니었다. 초등학교 때는 누가 더 높이 올라가나가 서로의 자존심 경쟁이었기 때문에 놀이터 미끄럼틀 지붕을 타고 올라가질 않았나, 그네를 타도 옆에 있는 친구보다 더 높이 날려고 별별 희안한 방법으로 탔던 것 같다. 그러다 한번은 그네에서 떨어져 코피가 나고 다쳤다는 것은 창피한 옛 이야기이다. 커서는 놀이터에서 사고를 친 적은 없으나 더 위험할 뻔한 순간이 있었다.

그날은 방학이 다가올 무렵이었는데 그때가 되면 모든 학생들이 들뜨기 마련이다. 그리고 여느 학생들보다 더 들뜬 한 중학교 교실에서 사고가 일어났다. 내가 수업을 받는 교실에서 사고가 일어났는데, 그날은 수업도 안하고 학교오기가 더없이 지루했던 날이었다. 모두 장난을 치고 싶어 안달이 난 상태였다.

교실 뒤편에 앉아있는 친구 중에 라이터를 갖고 있는 학생이 한 명 있었는데, 그때 몇몇 아이들의 눈이 반짝였다. “야 우리 캠프파이어 할까?” 실내에서 그것도 교실이었다. 하지만 이미 흥미 있는 장난을 발견한 아이들은 이성적 사고를 판단할 정신이 없었다. 그리고 그 중엔 나도 포함되었다. 이윽고 폐지함에 모아놓은 종이에 불을 붙였고, 불은 금세 활활 탔다.

하지만 우리가 생각한 것보다 잘 타는 종이에 신나하는 것도 잠시, 모두들 거센 불길에 놀라 발로 밟으며 불을 껐다. 설마~하는 마음에서 시작된 장난이었는데, 모두 놀란 가슴을 진정시켜야 했다. 모두들 시멘트바닥에서 캠프파이어 못지 않는 화력이 나올 줄은 꿈에도 몰랐던 것이다. 그날 안전 불감증에 걸린 나를 포함한 우리 반 친구들은 불장난에 혼쭐이 났고, 그날 이후로 나는 함부로 불을 갖고 장난을 하지 않는다.

어리지만 그래도 충분히 이성적 판단을 할 수 있는 나와 친구들이 그런 장난을 친 이유는 무엇일까? 바로 ‘설마’ 라는 무서운 녀석 때문이다. 이 설마라는 놈은 우리 사회의 만연히 자리 잡고 있어 어딜 가나 존재한다. 그건 위험한 일을 하는 공사 현장에도 마찬가지다. 공사현장은 사고가 날 수 있는 가장 위험한 장소다.

그러나 안전을 위한 수칙이나 기본사항들이 안 지켜지기 대부분이고, 모두들 그걸 알면서도 모른 체한다. 바로 자본주의 사회의 '이익'이라는 절대추구가 가장 앞에서 버티고 있기 때문이다. 업주나 공사를 하는 업체들이 내세우는 건 '안전주의' 지만 더 큰 이익을 내기위해 노동자들을 안전지대에서 불안전지대로 몰아내고 있다. 이 설마라는 놈은 언제 어디서 나타날지 모른다. 그리고 어떤 사회적 이익도 사람 목숨을 대신할 순 없다.

우리 사회가 갖고 있는 안전 불감증이 사라져서 오늘 같은 가슴 아픈 소식이 들려오지 않았으면 좋겠다. 내가 살고 있는 천호동에서 이런 사고가 일어났다는 소식이 남의 일 같지 않다.

여행은 비행기 타고

첫 해외여행은 초등학교 때였다. 여행지는 중국이었는데 우리나라와 가깝다면 가까운 나라였다. 그래도 처음 비행기를 타고 해외로 나간다는 생각에 설레서 짐 가방을 몇 번은 챙겼는지. 인천공항도 그때 처음 가봤다. 공항처음 와본 티 팍팍 내면서 열심히 두리번거렸던 것은 지금생각해도 우습다. 맛 없는 기내식도 밥 한톨 안남기고 비었고, 공짜로 보여주는 영화도 다 보고가야 비행기 값이 안 아깝겠다는 생각에 졸린 눈을 비비면서 연신 보았던 것 같다.

그렇게 도착한 중국이라는 나라는 "우와~"라는 말이 절로 나올 정도로 뭐든지 거대했다. 중국에 정식 명칭은 중화인민공화국(People's Republic of China)이다. 세계 최대의 인구와 광대한 국토를 가진 나라로, 국토는 남북 5500㎞, 동서로 우수리강(江)과 헤이룽강의 합류점에서부터 파미르 고원까지 5200㎞에 달한다. 워낙 인구도 많고 땅도 큰 나라였다. 아직도 기억나는 게 자금성이 어찌나 큰지 하루 종일 걸어도 다 구경하지 못한다는 소리에 식겁했다. 세계 최대의 인구수를 자랑하는 중국답게 음식도 다양했다. 그 중에 북경오리라고 불리는 오리고기는 마지막 날에 먹었던 음식이었는데 내 입맛에 쏙 맞아서 종이컵에 싸오기까지 했다. 첫 해외여행에서 본 중국은 거대했고, 맛 좋은 음식이 많은 신기한 나라였다.

몇 년후, 기회가 되어 중국을 또 다시 방문할 수 있게 되었다. 빠르게 성장하는 나라답게 더욱 더 깨끗해진 건 말할 것도 없었고 세련된 나라가 되었다. 하지만 처음 여행을 왔을 때의 기억이 더욱 선명하게 남아있는 건 당시에 중국이라는 신비한 나라가 뇌리 깊숙이 박혀서 일 것이다.

한국을 벗어나 가장 멀리 국외로 떠난 곳은 영어 캠프로 간 필리핀이었다. 당시 한 달을 머물렀는데 많은 경험을 하고 왔다. 필리핀은 동남아시아에 위치한 국가로, 7107여개의 섬으로 구성되어 있다. 정식 국명은 필리핀 공화국(Republic of the Philippines)이며, 면적은 300,400㎢로 한반도의 1.3배정도 된다. 나는 필리핀의 수도 마닐라에서 묶었는데 우리나라 못지않게 문명화된 도시였다.

또한 내 기억 속 필리핀은 항상 더웠고 느렸다. 뭐든지 느긋한 나라

여선지 땅에 기어 다니는 벌레도 느림보였다. '세상에 이런 일이' 에 나오는 파리 아저씨처럼 파리를 젓가락으로 잡은 적이 한 두 번이 아니었다. 날씨는 항상 구름 없는 맑은 하늘이었고, 바다는 넘실거리지도 않는 잔잔하고도 투명한 색이었다. 찌는 듯 한 더위만 빼고는 뭐든 마음에 드는 나라여서 한달 간의 캠프가 끝나고 집으로 돌아왔을 때 한동안 필리핀을 생각하면 그리워졌다.

필리핀은 또한 열대광일의 나라였는데 망고 때문에 사고를 친 기억이 있다. 당시에 가져 온 돈을 모두 쇼핑으로 쓰고 가족들과 주변사람들의 선물을 고민할 때였다. 쇼핑몰에 간 나의 눈에 들어 온 망고코너는 며칠을 굶은 야수의 눈에 보이는 먹음직한 어린 양이었다. 갔고 온 돈을 모두 써버린 것은 같은 캠프에 있던 친구들도 마찬가지였다. 아무도 우리를 신경 쓰지 않았고, 한국에선 그 흔한 CCTV조차 한 대 없었다. 그래서였을까? 겁을 상실한 친 구 중 한명이 외쳤다. "야, 여기 망고를 몰래 가져가도 모르겠다." 누가 그 말을 제일 처음에 꺼냈는지는 기억에 남지 않는다. 하지만 그 사실이 중요하지도 않다. 그 말을 끝으로 누구라고 할 것도 없이 망고코너로 달려간 우리들은 빠른 손으로 들고 온 가방에 망고제품을 채웠다. 드라이 망고, 망고 쥬스, 망고 가루등 망고와 관련된 모든 것이 모여 있었다.

그러나 한국에선 절대 하지 않았을 행동이었다. 어쩌면 '외국이니까' 라는 겁을 상실한 몰상식한 행동을 한 것 같기도 하고, 한 편으론 뭐든지 느린 나리이므로 경비까지 허술할 것이라는 하지 말아야 할 생각을 해서였다. 각가 가지고 있던 양심을 잠시 내려놓고 가방 한 가득 망고를 채웠다. 가방 속은 금세 채워졌고, 무거운 가방과 달리 가벼운 발걸음으로 쇼핑몰을 벗어났다. 사실 벗어 날려고 했었다. 하지만 막 쇼핑몰을 나서는 찰나 관리요원으로 보이는 남자 두 명이 우리를 가로막고 영수증 좀 보여줄 수 있냐고 물었다. 사지도 않은 제품의 영수증이 있을리 만무했다. 그날 나와 친구들은 망고를 하나 가득 채운 가방을 메고 쇼핑몰 옆에 있는 경찰서로 끌려갔다.

우리가 훔친 망고의 개수는 애들 장난으로 넘길 수 있는 양이 아니었다. 한국은 도둑질이 범죄가 아니냐는 필리핀 경찰의 말에 한국망신을 나 혼자 다 시킨 것 같아서 창피했다. 사실 그 나이 때 호기심으로 껌 하나, 초콜릿 하나는 훔쳐 볼 수 있었다. 하지만 외국에 있다는 생각에 겁 없이 행동한 게 큰 화근이었다. 그날 펑펑 울면서 반성을 했고, 우리가 어린 나이라는 것을 감안해서 반성문 2장을 제출하는 것으로 일은 마무리됐다.

결국 훔친 망고들도 다 압수당하고, 혼도 많이 났지만 아직도 '필리핀' 하면 가장 먼저 생각나는 일화다. 무엇이든지 느리고 여유로운 나라지만 법과 도덕도 느린 나라는 아니었다. 필리핀에서 벌인 망고 사건이후로 돈을 지불하지 않은 물건에 대해 정확해졌다. 필리핀은 나의 도덕적이지 못했던 행동을 반성하고 깨달음까지 준 나라가 됐다.

가장 최근에 비행기를 탄 것은 일본을 갔을 때였는데, 깨끗함과 친절함에 많은 감동을 받고 왔다. 일본은 아시아 대륙 동쪽에 홋카이도[北海道], 혼슈[本州] , 시코쿠[四國], 규슈[九州] 4개 큰 섬을 중심으로 북동에서 남서 방향으로 이어지는 일본열도를 차지한 섬나라이다. 일본의 벚꽃은 특히 유명한데 조금 이른 봄에 가서 유명한 일본의 벚꽃을 보지 못했던 게 아직도 아쉬움으로 남는다. 하지만 거리 곳곳이 깨끗하고, 관광객들에게 친절한 일본 사람들을 보며 많은 감동을 받았다. 그 중에 엄마와 내가 극찬을 했던 것이 있는데 바로 '바다냄새' 였다. 깨끗한 나라답게 바다에서 불어오는 바람도 향기로웠다. 고베항에서 바다냄새를 맡으며 그 향을 병에 담아오고 싶다는 생각을 했을 정도였다. 향기로운 바다냄새가 일본을 다시 가고 싶은 이유 중에 하나가 됐다. 고베항의 바다냄새는 항상 내가 맡아 본 조금은 짜고 비린 바다냄새가 아니라 단 간식거리에서 맡을 수 있는 달콤한 냄새였다. 바다에서 어떻게 그런 향이 나는지는 의문이었지만 아마 깨끗한 일본의 공기와 더 깨끗한 바다가 향기로움의 한 몫을 한 것 같다.

향기로웠던 고베항. 그게 여행을 맞치고 돌아왔을 때 내 기억 속에 남은 일본이라는 나라였다.

새로운 나라를 갔다 올 때면 많은 것을 느끼고 온다. 또 다른 시각을 갖기도 하고, 더욱 성숙한 생각을 하기도 한다. 그래서 사람들이 견문을 넓히러 다른 나라를 여행가는 것 같다. 비행기를 타고 다른 나라를 가는 것은 언제나 설렘과 기대를 수반한다. 그리고 여행지에선 항상 깨달음을 얻고 온다. 그래서 앞으로 더욱 더 많은 나라를 가보고 싶은 건 어쩌면 당연한 일이다.

2장
딸기 한박스와 생닭

선생님의 그림자도 밟지 말아야 한다.

언제나 씩씩 하시고, 키는 조금 작지만 하지만 그 작은 체구에서 나오는 에너지와 힘은 큰 장정들 못지않으며, 흰 머리가 조금 히끗히끗 하지만, 가끔은 우리 또래 같은 장난스러움이 있고, 예쁘진 않지만 똑똑해 보이는 눈망울은 항상 빛난다.

위의 묘사들은 내 고2 담임선생님인 '김경미' 선생님을 표현하는 말이다. 그 분은 중국어 담당이고, 항상 반에 들어올 때 "따지오 하오"

라고 씩씩하게 외치면서 들어온다. 키는 조금 조그만 해서 총총거리며 빠른 걸음을 걷고, 인사를 먼저 하지 않아도 인사를 걸어 주신다.

이렇게 주욱 나열하고 나니 그분과 우리 사이가 사제 간의 사랑으로 돈독할 것이라고 생각할 것이다. 하지만 '그건 아니올세라,' 다. 누가 그랬나? 담임선생님과 반 학생들은 세상 어떤 원수보다 더욱 지독한 관계라고, 그 말이 틀린 말은 아니다. 담임선생님은 우리가 복장이 불량하면 가장 먼저 쓴 소리를 하고, 우리가 잘못을 하면 가장 먼저 달려와서 야단치고, 1년 내내 우리의 또 다른 엄마가 되어 잔소리와 쓴 소리를 담당한다. 그러니 우리와 선생님과의 관계가 돈독할 수가 없다.

옛말에 '선생님의 그림자도 밟지 말아야 한다.' 라는 말이 있지만, 그 말은 정말 옛말이 되었다. 작년 10월 중순에 여자중학교 1학년생이 50대 교사와 수업 중 머리채를 잡고 난투극을 벌일 일이 있고, 11월 들어서는 중학교 1학년생의 40대 교사 폭행과 고교 1학년생의 교사 폭행 사건이 발생했다. 급기야는 초등학교 6학년생이 담임교사를 폭행하는 일마저 터졌다.

아무리 교권이 추락했다고 해도 이건 말도 안 되는 일이다. 나 역시도 우리 담임 선생님과 1년 동안 말도 많고, 탈도 많은 일이 일어났다. 가끔은 선생님의 뒷이야기를 했을 때도 있었고, 선생님 앞에서 반항을 했던 적도 있었다.

우리 반 아이들도 '담임선생님' 하면 손사래를 치면서 거부반응을 일으킨다. 하지만 다 진짜 마음은 아닐 것이다. 내가 그러하듯이 우리 반 아이들 또한 1년을 동거동락 한 담임선생님에 대한 사랑과 존경이 없을 리가 없다.

선생(먼저 태어나 성현의 도를 전하고 학업을 가르쳐주며 의혹을 풀어주는 자)님은 우리가 사회생활을 배우는 두 번째 단계에서 나의 엄마이고, 아빠이다. 가끔 선생님한테 자신도 모르게 말실수로 "엄마" 라고 불러 민망했다고 얼굴이 발그래져서 말하는 친구가 있을 것이다. 그만큼 엄마같이 챙겨주고 지켜봐주는 선생님의 사랑이 있으니 그런 실수를 하게 된 것이다.

작년 여름, 나는 선생님에 대한 사랑이 느껴졌을 때가 있었다. 여름 방학을 앞두고 수학여행을 갔을 때 일이다. 마지막 수학여행이고, 한껏 들뜬 마음에 나도 모르게 맨발로 깡충깡충 하얗고 반짝거리는 백사장을 뛰어 놀다가 따끔하니 무언가에 찔린 느낌이 났다. 신이 나서 정신없는 마당에 '뾰족한 것에 찔린 것이 뭐 대수인가?' 생각하면서 바다에 들어가기도 하고 물에 빠져들기도 하면서 신나게 놀았고, 탈이 난 건 그날 밤 숙소에 들어와서 였다.

놀 때는 몰랐는데 따끔거리는 발가락에 생각보다 깊숙이 가시가 들어 간 것 같았다. 어떡할까 고민하다 담임선생님께 칭얼거리면서 발을 한쪽 들고 겅중겅중 뛰어갔다. 선생님은 피곤한지 간편한 옷차림으로 편안한 자세로 계셨고, 나는 이내 곧 칭얼거리면서 "선생님 병원 가야 될 것 같아요" 라고 말했다. 그때 선생님께서 등을 탁 치면서 "그러길래 조심했어야지 까부니까 다치지?" 하면서 발에 박힌 가시를 직접 손톱깍이로 빼주셨다.

그 날 나는 선생님께 큰 빚을 진 것 같았다. 그때 선생님께서 하신 행동은 꼭 진짜 우리 엄마 같았고, 선생님의 사랑이 뭔지도 어렴풋이 느낀 순간이었다. 거의 1년이 다되어가는 일이지만 그 날의 고마움과 엄마와도 같았던 선생님의 제자 사랑은 아직도 잊혀지지 않는다.

또 한 번은 내가 선생님과 상담했을 때의 일이다. 담임선생님은 우리와 종종 상담을 하셨고, 나를 비롯한 우리 반 친구들은 그 상담을 매달 치러지는 시험보다 싫어했다.

우리 반 아이들 중에 나는 가장 많이 상담을 했다. 내가 조금 까불고, 활동적이어서 그랬을 테지만 아마 선생님이 나를 아끼고 유난히 챙기는 학생이여서 그러했을 것이다. 하지만 나는 그 상담이 정말정말 싫었고, 얼굴이 한껏 어두워져서 교무실을 들어가기도 했다.

그날은 방과 후에 주번을 맡아 가장 늦게 교실에 남아 정리를 하고 문을 잠그로 교무실로 출석부를 가지고 가서 인사를 하고 나오던 참이었다. 갑작스레 "다솜아, 여기 좀 앉아 볼래?"라고 말씀하시면서 꺼낸 것은 나를 포함한 우리 반 아이들이 공포의 상담 의자라고 부리는 조금 작고, 원형으로 된 의자 였다.

일단 상담이 시작하면 기본 30분을 생각해야 하기에 나는 한숨을 "훅-" 쉬면서 의자에 앉았다. 그 날 선생님께서 말씀하신 얘기는 정말 돈 주고도 못 살 이야기였다. 앞으로의 나의 진로를 알고 계셔서 항상 나의 언행을 조금 고쳤으면 하셨고, 누구보다 정확하고 애정 어린 시선과 말투로 쓴 소리를 뱉으셨다.

그 날 나는 일기장에 선생님과의 대화와 앞으로의 다짐을 적어 놓을 정도로 나의 생각이 많이 바뀌었다. 선생님께서 그날 한 말씀 중에 아직도 기억나는 것이 있다. "선생님 생활을 20년 넘게 하면 너희 손짓, 눈짓, 말투만 봐도 너희의 행동이 거짓된 행동인지 진실 된 행동인지 안단다. 다 알면서 속아주고 넘어가주는 것이란다." 선생님의 말씀은 엄마가 언제고 했었던 말씀이었다. 엄마든 선생님이든 우리를 지켜봐주고 신뢰해주는 마음은 다름없다.

알면서도 넘어가주고, 항상 잘되라고 응원하는 선생님의 마음을 그 날 느꼈던 것 같다. 나는 이제 열여덟 살이다. 학교를 11년 넘게 다니고, 이제 곧 졸업을 해야 되는 나이기도 하다. 선생님의 이런 마음을 내가 조금 어렸을 때 느꼈으면 더 좋았을 껄 후회하기도 한다.

그리고 이 글을 쓰면서 더욱 더 느끼지만 나는 우리 담임선생님을 비롯한 모든 선생님들을 다 좋아하고 사랑한다. 방학 때 담임선생님께서 혹시나 나오셨을까 교무실에 빼꼼 얼굴을 내밀고 찾아보고, 안계시면 아쉬워하는 것은 분명 선생님을 진심으로 존경하고 사랑하기 때문일 것이다.

선생님의 사랑은 정말 깊고 넓다. 정말 옛말에 틀린 말 하나 없다,

'선생님 그림자도 밟지 말라'

무슨 말인지 조금은 어렴풋이 알만 하다.

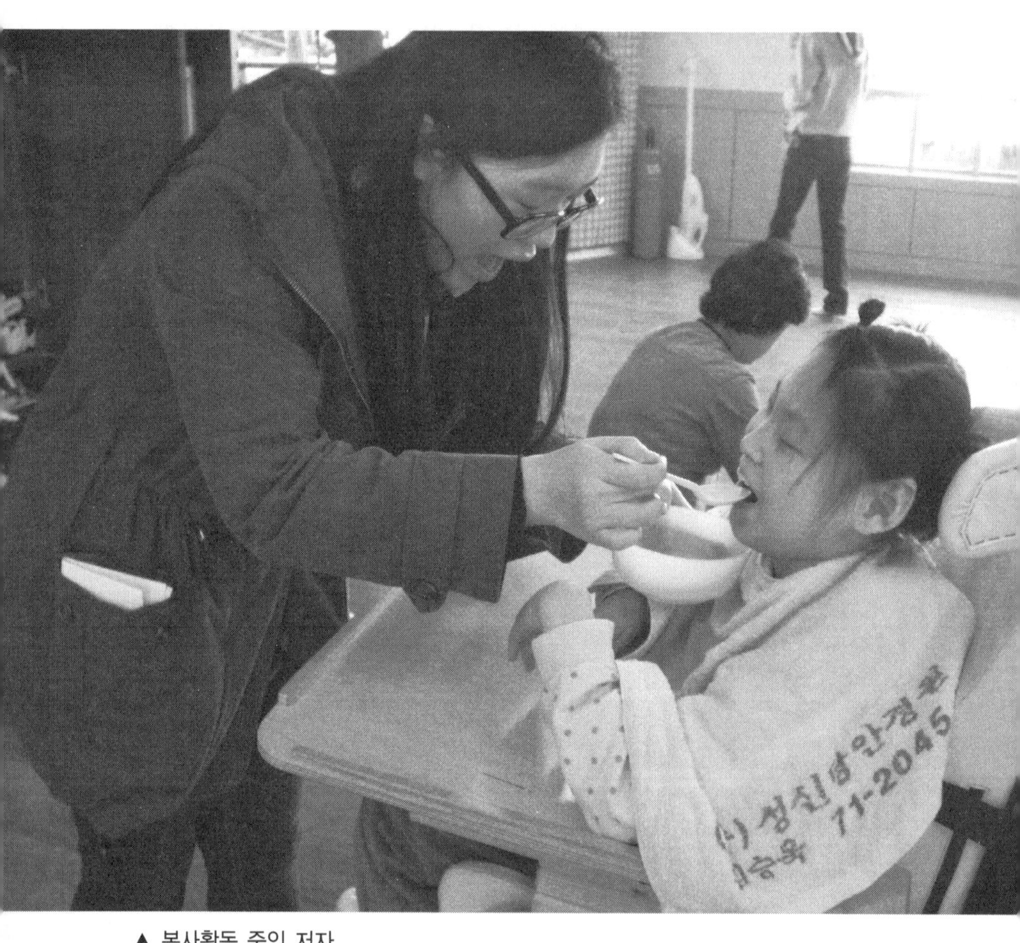

▲ 봉사활동 중인 저자

아이 엠 sorry

며칠 전, 장애인 아빠와 정상인 딸의 이야기를 담은 '아이 엠 쌤' 이라는 영화를 보았다. 시험 기간이었고, 시계는 새벽 3시를 향해 가고 있는 늦은 시간이었다. 만약 영화를 보지 않는다면 학교에 가기 전 까지 네 시간 남짓 잘 수 있었고, 당시에 나는 매우 피곤하고 졸렸었다. 피곤함을 이기고 영화를 끝끝내 보게 한건 다코타 패닝의 훌륭한 연기도 아니었고, 아빠역인 숀펜의 진한 부성애를 담은 장애인

연기도 아니었다. 보는 내내 내 가슴 속 어딘가에서 간질간질하게 울려오는 속삭임이 영화를 끝끝내 보게 했다.

여느 영화들이 그러하듯이 영화는 결말로 달려갈수록 더욱더 갈등의 양상이 깊어진다. 하지만 모두가 예상하고, 내가 예상했듯이, 결국 영화의 끝은 모두가 행복해지는 해피엔딩이었다. 감동과 여운을 남긴 영화가 끝이 나고, 내가 원하는 결말을 본 나는, 그들의 행복한 모습에 안심하며 잠자리에 들어야 했다. 하지만 나는 침대에 누워 이불을 뒤집어쓰고 몇 가지 생각에 사로잡혀서 쉽사리 잠에 들지 못했다. 영화는 장애인 아빠라는 이유로 사랑하는 딸을 빼앗기는 아버지의 부정을 보여주며 그 이면에 우리의 잘못된 편견과 고정관념을 꼬집고 있었다.

"샘 정말 당신이 충분한 사랑을 주며 부족함 없이 딸을 키울 수 있다고 생각해요?"

"……"

상대편 변호사는 영화 내내 샘에게 이런 질문을 퍼부으며 그를 헐뜯고 비난한다. 상대편 변호사는 내 모습 같았고, 우리 모습 같았다.

내가 다니는 고등학교는 공립학교다. 많은 장애인 학생이 우리와 같은 공간에서 수업을 듣고 밥을 먹는다. 소수의 학생들은 장애인 친구들을 순수한 마음으로 도와주며 똑같이 대해주지만 대부분의 학생들에게 장애인 친구들은 자신과 전혀 다른 친구다. 우리 눈에 그 친구들은 가끔 해괴한 행동을 하고, 소리를 지르며 떼를 쓰는 등 신체를 자유롭게 쓰지 못하는 불쌍한 친구들이다. 도와주어야겠다는 생각은 하지만 마음의 거리감이 있는, 우리에게 장애인 친구란 그 정도이다.

나 역시 1학년 때 같은 반에 장애인친구가 있었다. 그 친구는 나를 참 많이 좋아했다. 언제나 점심시간이 되면 "다솜아, 밥 맛있게 먹어" 라고 인사해주고, 진심인지 빈말인지 모르겠지만 항상 나에게 "미스코리아 같아."라며 예쁘다고 말해주어서 같은 반 친구들의 웃음을 사기도 했다. 지금 생각해보면 나는 자만했고 영악했다. 몸이 불편하고 우리와는 약간 다른 그 친구에게 나는 편견이 없는 양 굴었지만 사실 친구들의 칭찬과 선생님의 흐뭇한 시선을 즐기며 불편한 봉사를 했었던 것이다.

나는 그 친구의 반 도움이였다. 매달 한 번씩 학교에서 하는 비누 만들기 행사, 김치전 만들기 행사 등을 할 때에도 나는 그 친구와 함께 했고, 학교에서 체험학습이라도 갈 때면 그 친구의 담당은 나였다. 나는 다른 친구보다 훨씬 그 친구에게 잘해주었고, 누가 보더라도 매우 가까워 보였다.

하지만 보이지 않는 거리감은 분명 존재했다. 한번은 그 친구가 고맙다는 의미로 나를 꼭 끌어안으며 뽀뽀를 했다. 나는 너무 놀라서 소리를 질렀고, 그 친구 또한 많이 놀랐는지 연신 미안하다고 했다. 그 뒤로 나에게 뽀뽀를 하거나 꼭 끌어않지는 않았다. 나는 당시에 다행이라고 생각했다. 그리고 지금에 와서 생각해보면 너무 이기적이고 오만한 내 자신이 부끄럽고 그 친구에게 미안하다. 분명한건 나는 순수한 마음으로 그 친구를 진심으로 대하지 않았고, 편견 또한 누구보다 심했다. 하지만 영악했던 나는, 사람들이 칭찬해주는 시선을 즐겼고, 오만했던 나의 생각이 누구에게나 평등한 '나' 라는 존재를 만들었다.

나는 요즘에도 복도에서 가끔 그 친구와 마주치지만 먼저 인사하진 않는다. 이젠 같은 반이 아니기 때문이다. 그리고 나는 한 번도 그 친구에게 밥을 먹을 때 맛있게 먹으라고 먼저 인사를 건넨 적이 없다. 불필요하다고 느꼈기 때문이다. 나는 영화 속에 나오는 상대편 변호사와도 같은 인물이었다. 사회적 편견에 찌든, 장애인은 우리와 다르다고 생각하는 그런 보통의 사람이었다.

영화를 보는 내내 나에게 들린 속삭임은 그동안의 양심이었고, 죄책감이었다. 아직도 기억에 남는 영화 속 대사가 있다. 쌤이 영화에서 조용히 읊조리는 대사다.

"샘.. 그냥 샘이라고 부르세요."

그는 장애인도 아니고 불구자도 아니고 정신 지체인도 아닌 그냥 '샘' 이었다.

이제 나는 조금씩 마음의 벽을 허물려고 한다. 나에게 18년 동안 가진 편견과 마음의 거리감을 한순간 무너뜨리는 건 조금 버거우니 조금씩, 조금씩 좁혀가려고 한다.

그들을 장애인이 아닌 하나의 우리와 같은 인격으로, 친구로 바라본다면 멀지 않은 가까운 미래에 진정으로 1학년 때 같은 반이었던 장애인친구를 '진짜 친구' 로 받아들일 날이 올 것이다. 그리고 앞으로 사회도 그들을 조금씩 '샘' 이라고 불러주었으면 좋겠다. 내일부터는 복도에서 마주치는 그 친구에게 내가 먼저 밝게 인사하고, 밥 맛있게 먹으라고 말해주고 싶다.

'샘, 아이 엠 sorry.'

딸기 한 박스와 생닭

새로운 시작을 알리는 봄에는 새싹이 파릇파릇 돋아나고, 꽃들은 누가 더 아름답나 내기하듯이 서로를 뽐낸다. 시원한 바람과 따듯한 햇살은 겨울 내 움추러 들었던 우리의 몸에도 활기를 찾아주지만, 나른함이라는 불청객도 같이 따라오기 마련이다.

나른한 봄날에 딸기는 여간 효자과일이 아니라고 한다. 특히나 요즘같이 많은 이가 점심을 먹고 나면 눈꺼풀이 무거워질 때에 비타민 C가 가득 담겨있는 딸기는 귤과 키위보다 훨씬 비타민 C가 많이 포함 되어서 피포회복에 효과적이라고 한다.

그래서 지금으로부터 30년 전, 1970년대에는 봄이 되면 딸기밭에서 미팅을 참 많이 했다고 한다. 1인당 일정 금액을 내고 원두막에 앉아 딸기를 한정 없이 먹으며 미팅을 했다고 하니 요즘 웰빙 트렌드와도 꼭 맞는 재미난 문화였던 것 같다.

70년대에도 사랑받았던 딸기지만 현재에도 그 인기는 여전하다. 요즘 같은 봄철에 우리 집 냉장고 문을 열면 항상 딸기가 한 팩씩 있다. 몇 일전, 하얀 스티로폼에 담겨있던 딸기 한 박스는 유난히 달고 맛있어서 그 자리에서 손을 빨갛게 물들이면서 남김없이 먹었다. 주말에 나른함을 한껏 달래주고도 남을 정도로 딸기는 싱싱하고 달았다.

내가 먹고 있는 모습을 옆에서 보고 있던 아빠는 엄마에게 딸기를 얼마에 사왔냐고 물어보셨다. 우리 집 근처에는 대형마트가 있어서 엄마는 항상 싼 가격에 과일과 야채 등을 사오시곤 하셨다.

"삼천 원에 샀어요."

"그럼, 남는 게 별로 없을 텐데."

엄마는 싼 가격에 좋은 과일을 사 오셔서 기분 좋은 목소리로 대답하셨지만, 아빠는 딸기 밭을 하는 농사꾼들을 생각하시면서 대답하셨다. 만족스럽게 딸기 한 박스를 먹어치운 나는 그날 아빠의 말을 중요하게 생각하지 않았다.

그날이 있고 며칠 후, 신문을 읽던 나의 눈에 유난히 관심이 간 기사가 있었다. 바로 모 대형마트에서 천 원짜리 생닭을 판다는 내용이었다. 천 원짜리 생닭은 불티나게 팔렸고, 몇몇 사람들은 몇 십 분씩 줄을 서서 사가기도 했다. 생닭을 팔았던 대형마트는 며칠 전 엄마가 딸기를 사온 곳이기도 했다. 생닭을 천 원에 판 대형마트의 기사를 접하고 나서 나의 기억 속에 가물가물하기 시작한 딸기 한 박스가 떠오르기 시작했다. 그날은 무심코 들었던 아빠의 이야기도 생각이 났다.

딸기 한 박스도, 생닭도 소비자를 기쁘게 한 저가였다. 엄마는 싼 가격에 딸기를 사고 나서 기분이 좋으셨고, 생닭을 사간 많은 사람들은 싼 가격에 좋은 닭을 식탁에 올릴 수 있게 되었다. 그러나 조금 달리 생각해 보면, 대기업과 대형마트의 가격 경쟁은 좋은 품질과 낮은 가격을 소비자에게 제공해 주지만 결국 중소기업과 도소매업자, 농사꾼의 허리띠를 졸라매서 나온 결과물인 것이다.

현재 우리나라에서 대기업에 근무하는 인구는 5%뿐이라고 한다. 그 외의 90%의 인구가 중소기업과 자영업에 종사한다. 결국 더욱 좋은 품질과 싼 가격을 찾는 우리의 소비행위는 나의 가족과 이웃들의 허리띠를 졸라매는 행위에 지나지 않는 것이다. 물론 적은 돈으로 큰 만족을 느끼는 것을 추구하는 건 당연하다. 하지만 며칠 전, 한국을 떠들썩하게 했던 카이스트 사건이 그러했듯이 자본주의 사회에서 너무 경쟁만을 추구하고 이웃들을 돌아보지 않고, 많은 사람의 행복을 내다보지 못한다면 분명 결과가 좋지 않을 것이다.

우리 집 냉장고에는 여전히 딸기가 한 팩씩 들어있다. 봄날에 딸기는 매우 좋은 식품이 분명하다. 70년대에 딸기 밭에서 미팅을 하던 우리의 문화는 사라졌지만, 앞으로 딸기 농사를 짓는 농사꾼이 사라져서 딸기밭 자체가 사라지는 사태는 일어나면 안 될 것이다. 냉장고에 들어있는 딸기는 여전히 싱싱하고 맛 좋아 보였지만 그 전처럼 맛이 좋지 않았고 씁쓸했다.

담배 한 개비

겨울방학을 코앞에 둔 여느 학생이 그러하듯이 12월 달, 이른 겨울 아침에 학교가기란 동장군과의 싸움이고, 졸음과의 싸움이다. 거기다 아침밥을 걸러 배고프기까지 하면 딱 행색이 초라한 걸인의 마음이 될 수 있다. 특히 고3을 코앞에 두고 몸과 마음 모두 추운 여고생이라면 더욱 더 그러하다.

요즘같이 진도를 다나가서 7교시가 되는 수업시간 중에 1~2시간을 제외하면, 모두 자습시간을 내주시는 선생님들 덕분에 나는 공부를 하기에도 그렇고, 영화를 보기에도 그런 지루한 시간을 보내고 있다. 아마 공부하기에는 우리의 마음이 방학을 앞두고 너무 들떠있고, 영화나 기타 수다를 떨기에는 고3의 검은 그림자가 내려앉은 시기여서 그러할 것 이다.

빨리 방학이 오면 요즘같이 '한파, 한파, 한파, 올 들어 가장 추운 날씨' 라고 떠들어대는 기상예보를 보면서 "당최 겨울은 왜 이렇게 추운 거야?" 라고 말도 안 되는 혼잣말을 되씹으며 눈살을 찌뿌리지 않을 텐데, 무의미한 생각을 하다 추운 겨울 날씨와 함께 등굣길에 오른다.

겨울에는 나도 모르게 종종걸음을 치게 된다. 햇님이 한껏 늦잠을 자도 되는 시기인지라 늦게 뜨는 태양을 핑계 삼아 지각을 밥 먹듯이 하게 되고, 지각도 지각이지만 추운 겨울바람이 나를 앞에서 보면 걷는 것 같기도 하고 뒤에서 보면 종종걸음을 치는 우스꽝스런 모양을 한 학생으로 만든다.

아침에 등교를 하면 꼭 지나가야 하는 공사현장이 있다. 우리 동네에서 가장 웅장한 ㅁ교회가 새로운 신축건물을 지을 작정인가 보다. 거의 1년이 다 되어가는 공사가 많이 진행 되었는지 예전엔 큰 천으로 꼭꼭 감추어 내가 지나 갈 때마다 '무엇을 만드는 걸까?' 라고 호기심 가득한 눈빛으로 몇 번이고 쳐다본 공사 현장이, 이제는 천을 거두어 커다란 몸체를 드러내고 있다. 아직은 철 기둥과 시멘트 밖에 없어서 조금은 무서워 보이기까지 한 건물이다.

공사현장이고 큰 교회 앞이다 보니 자연스레 지나다니는 사람도 많게 되고, 아침에 담배를 피우는 사람들은 더 더욱 많다. 내가 쫑쫑거리면서 길을 걷자니 갑자기 나를 앞질러가는 담배 연기에 갑작스레 봉변을 당한 사람 마냥 콜록콜록 기침을 했다. 이럴 때면 나도 모르게 샐쭉

거리면서 눈을 흘기게 된다.

중학교 때는 겁도 없이 담배 피우는 사람에게 일부러 들으라는 듯이 옆 친구에게 "콜록 콜록.. 후두암 걸.리.겠.네" 라고 큰 소리로 말했지만, 지금은 나이가 나이인 지라 나의 당돌한 모습에 어리고 귀엽게 볼 어른들은 아무도 없다. 계속 뒤에서 걷게 되면, 바람을 타고 들어오는 뿌옇고 탁한 담배연기에 내 폐가 검게 변하는 모습이 상상되어 더욱 더 종종걸음을 치며 앞사람을 제친다.

오늘도 교회 옆에 있는 자그마한 패밀리 마트를 지나간다. '삼각 김밥 먹고 해외여행을?' 내가 등굣길에 항상 지나다니는 가게여서 나도 모르게 붙어있는 포스터도 외우게 됐다. 편의점 앞에 있는 하수구엔 아직도 꺼지지 않은 희미한 불빛을 반짝이며, 가까스로 '나 여기 있어요.' 라고 외치는 듯한 담배 한 개비가 누워있다.

스산한 바람과 함께 오늘따라 거리에 흔하디흔한 버려진 담배꽁초가 불쌍해 보인다. 저 담배 한 개비는 아마 오늘 아침 7:20분경 아침을 해결하지 못한 바쁜 샐러리맨이 편의점을 들려 그렇게 영양가 있지도, 그렇다고 맛도 있다고 할 수 없는 참치김치 삼각 김밥 2개를 후르륵 삼켜버리고, 따뜻한 커피를 마시고는 찬 공기와 담배연기를 함께 폐 깊숙이 흡입하다가 시계를 보고 난 후 깜짝 놀라 급히 구두 발로 밟지도 못하고 떨구고 간 불쌍한 담배꽁초일 것이다. 아니라면 저런 애처로운 자태로 꺼지지 않은 불을 반짝이면서 나를 쳐다 볼 수가 없다.

샐러리맨처럼 나도 이미 지각에 가까워진 시간이었지만, 한참을 뚫어지게 편의점 하수구 옆의 꺼지지 않은 불을 반짝이는 담배를 쳐다보고 있었다. 길 가던 사람들도 내가 홀린 듯이 그 쪽을 쳐다보니 한 번씩 고개를 돌려 '뭔가 있나?' 하는 눈치로 그 담배 한 개비를 쳐다보고 가기도 했지만, 많은 관심을 두어 쳐다보지 않고 이내 고개를 돌려 자신들의 갈 길을 갔다.

나도 더 이상은 시간을 주체할 수 없어 얼어버린 발로 잔걸음을 치며 뽀얀 입김을 후후 불면서 학교를 향해갔다. 밖의 추운 날씨가 무색하게 후끈후끈한 교실안의 열기로 귀와 볼이 빨갛게 익은 고추마냥 붉어진 나는 연신 담배꽁초 생각에 아침 종례시간을 한 쪽 귀로 흘려들었다. 부지런한 우리 반 친구가 이른 아침부터 켜 놓은 히터가 나의 장갑을 벗게 하고 목도리를 벗게 한다.

아침의 우리 반 아이들의 활기참이란 지금 막 봄이 되어 신이나 재잘거리는 산새들 마냥 쉴 새 없이 입을 움직인다. 아이들이 건강한 입김과 몸에서 나는 열이 나의 겉 외투까지 벗게 한다. 어제 본 인기 드라마 이야기, 어제 들은 인기 가수의 컴백무대가 오늘의 주요 화제 거리인가 보다. 나도 어느새 이야기 속에 들어가 누구보다 큰 목소리로 침을 튀기면서 이야기를 이끌어간다.

지금쯤이면 내가 아침에 본 담배 한 개비도 안타깝게 불이 꺼져 들어갈 것이다.

오늘 아침의 샐러리맨은 혹시 내일 다시 편의점을 찾아 아침밥을 해결하고 나오면서 어제 자신이 버린 담배 한 개비를 볼지도 모른다. 이미 불이 꺼져버린 담배 한 개비를, 자신을 여전히 기다리고 있는 담배 한 개비를, 그리고 또 다시 애처로운 담배 한 개비가 생겨 날 지도 모르겠다.

지하철

일주일에 두 번, 왕복 2시간씩 나는 지하철을 탄다. 초등학교 때부터 나는 낯선 곳도 집에서 멀리 떨어진 곳도 무서워하지 않고 혼자서 씩씩하게 대중교통을 참 잘 이용한 것 같다.

한번은 혼자서도 잘하는 새 나라의 어린이처럼 명절날 먼저 시골에 내려가라는 엄마의 명령에 나의 두 살 어린 남동생의 손을 꼭 붙잡고 버스와 지하철을 타고, 몇 번이고 갈아타서 고속버스를 타고 충북 제천에 도착하기도 하였다.

그렇게 나에게 대중교통은 우리 집 화장실처럼 편안하고 익숙한 곳이다. 요즘에는 종로에 있는 영어 학원 때문에 지하철을 일주일에도 몇 번이고 탄다. 한 번의 환승과 총 17개의 역을 거쳐 한 시간 가량을 가기 때문에 학원 갈 때는 웬만하면 청춘을 과시하며 빈자리에도 잘 앉지 않지만, 수업을 끝나고 집으로 갈 때는 피곤하여 나도 모르게 매의 눈으로 빈자리를 수색하기 시작한다.

밤 9시에 지하철 빈자리는 가뭄에 콩 나듯이 있고, 지하철의 사람들은 콩나물시루처럼 꽉 들어차 있다. 항상 나는 지하철을 타면 사람들을 관찰한다. DMB를 보는 젊은 오빠, 딸과 전화 통화하는 아주머니, 베스트셀러인 책을 읽는 예쁜 언니, 그리고 영어단어를 외우는 나.

지하철에서 한 손에 영어 단어장을 꼭 잡고 단어를 외우다 보면 나는 시간을 허비하지 않는 모범생이 되는 것 같아 기분이 좋다. 오늘도 학원에 끝나고 집으로 가는 지하철 안에서 한 손의 단어장을 들었다. 눈으로는 단어를 쫓지만 정신은 다른 곳으로 가있는 상태였다. 피곤한 나의 뇌가 더 이상의 영어 단어를 받아들이지 못하고 거부하는 것 같았다. 눈을 한번 비비고 조금 아픈 다리를 손으로 콩콩 안마하니까 옆에 있는 노약자석에서 할머니, 할아버지가 담소를 나누시는 소리가 들렸다.

"요즘엔 노인네들이 일반자석에 앉으면 욕 들어."

할머니의 말씀에 바쁜 나의 뇌가 둔기에 쾅 맞은 것처럼 충격을 받았다. 동방예의지국인 대한민국에서 저런 말씀을 하시다니. 나는 빠르게 이유를 찾으며, 나의 기억 저편에 숨어있던 한 일화가 생각났다.

어느 날, 쉬는 시간에 반 친구가 지하철에서 있었던 일을 침 튀기며 나에게 설명한 적이 있었다. 그 친구는 꽤나 인상 깊은 경험이었는지

숨도 쉬지 않고 말을 했다. 이야기인 즉 자신이 탄 버스에서 어느 술 취한 할아버지가 노약자석이 버젓이 비어 있는데도 불구하고 일반자석에 앉아있는 어느 젊은 여자에게 시비를 거며 예의범절에 대한 일장연설을 했다는 것이다. 젊은 여자는 지하철내의 모두가 주목하고 있는데도 불구하고 슥 얼굴 한번 쳐다보더니, 눈을 꼭 감고 자신이 정차할 곳까지 아무 일도 없었다는 듯이 태연하게 앉아있었고, 거기다 자신이 내릴 역이 다 와서야 자리에서 일어났다는 것이다.

친구는 여자의 대변인이라도 된 것처럼 할아버지를 흉봤지만, 듣고 있던 나의 마음 한편은 씁쓸했다. 나이 운운하며 좋지 않은 모습으로 대우해주길 봐라 던 할아버지의 모습도 모습이지만 그렇다고 젊은 분이 끝까지 양보하지 않았던 행동은 보기 좋지 않았을 것이다.

'예의 나라' 라고 자랑스레 말하던 대한민국은 어느새 노인들에게 투박하고, 몰인정한 나라가 된 것 같다. 대한민국은 어느새 일제식민지와 6.25를 거쳐 지구촌 최 빈곤 나라에서 OECD회원국인 선진국이 되었다. 날로 늘어가는 고령인구는 우리사회의 걱정거리로 어느새 자리 잡혔다.

65세 이상의 국민이 10%이상인 지금의 수치로 보면 앞으로의 노령인구도 끝임 없이 증가할 것이라고 본다. 하지만 청년일 때 나라를 위해 몸과 마음을 바쳐 일한 우리 할머니, 할아버지에 대한 존경이 사라진 대한민국에서 앞으로의 고령화 사회는 걱정이다.

한 손에 영어 단어장을 들고, 24시간 흥얼거리는 MP3의 팝송이 다가 아니다. 노인들을 존경하고 배려할 줄 아는 사회가 진정한 선진국이 아닐까 생각해 보며, 지하철을 타고 집으로 오는 내내 나의 손에 들린 영어단어장이 오늘따라 유난히 무겁기만 하다.

개미마을의 개미들

2010년 6.2 지방선거에서 무상급식은 큰 화두였고, 온 국민의 관심이었다. 무상급식을 핵심공약으로 내걸은 곽노현 서울시 교육감은 사상 첫 진보성향의 서울시 교육감으로 당선되었고, 당선 직후부터 무상급식 전면 실시를 위해 서울시 및 각 자치구와 협의해 왔다.

서민들 또한 찬성과 반대로 나뉘어 온라인 오프라인에서 뜨거운 논쟁을 벌이고 있으며, 요즘 가장 뜨거운 감자가 아닐까 생각해본다. 반대를 표하는 사람들은 무상급식을 내걸은 건 일반 대중에게 인기 있는 정치를 하려는 포퓰리즘이 아니냐고 말하고, 그 세금으로 저소득층의 복지를 더욱 신경 쓰라는 우려의 목소리도 나오고 있다.

나는 무상급식을 처음 뉴스와 신문에서 접했을 때 나의 기억 한 단막에서 조용히 꿈틀거리는 개미마을의 개미들이 생각났다. 중학교 때까지 나는 서울에서도 꽤 부자동네의 부자학교를 다녔다. 큰 아파트 단지의 바로 옆에 있었던 나의 중학교는 엄마들의 치맛바람이 유독 쎄 풍력발전소를 세워도 될 것이라는 농담 아닌 농담이 나올 정도였다. 우리학교의 대다수 학생이 동네에서 가장 땅값이 비싸다는 F아파트에 살았고, '급식비 지원' 이라는 말은 우리에게 조금 생소했다.

내가 아직도 생생히 기억하는 그날은, 중학교에 갓 입학하여 모든 것이 새롭고, 낯설고, 서로의 조금 큰 듯한 교복이 절로 웃음이 날정도로 우스꽝스럽게 보일 때였다. 갑자기 방송으로 1학년 1반의 학생 5명이 불리어졌다. 나는 어리둥절한 표정으로 눈망울에 물음표를 달며 두리번거렸다.

하지만 이내 눈치 빠른 아이들이 소곤대기 시작했고, 나 또한 이름이 불린 5명의 친구들이 개미마을에 사는 아이들이라는 것을 알아챘다. 우리 동네 F아파트 맞은편에는 개미마을이라고 불리는 비닐하우스 촌이 있다. 거기에 사는 대부분의 사람들은 많이 가난하고, 생존권을 보호받지 못해 자신의 집이지만, 곧 재개발이 들어가서 집을 떠나야 하는 사람들이다. 우리는 비닐하우스 촌을 개미마을이라고 불렀다.

이름이 불리어진 아이들은 조금 부끄러운 듯이 종종걸음을 치며 교무실로 내려갔고, 우리는 새 학기부터 개미마을의 개미들을 다 알게 되었다. 그 친구들에게 반 아이들은 차별이 있거나 하지 않았지만, 나처럼 모두가 투명하게 쌓여진 '동정' 이라는 비닐 막을 가지고 있었을 것이다. 그 아이들의 교복은 새로 산 것이 아닌 물려 입고, 물려 입어 약간은 누래졌으며, 공부 또한 잘하지 못해서 항상 개미마을에 사는 친구들끼리 놀았었다. 벌써 5년 전 일이지만 내 기억 속에 그 친구들은 불쌍한 개미마을의 개미들로 기억된다.

나의 키가 엄마를 훌쩍 넘어, 어렸을 때는 한참을 올려다본 엄마를 이제는 내려 보기 시작했을 때, 그때도 우리 반의 개미들은 여전히 존재했다. 모두가 입 밖으로 꺼내지 않을 뿐 짐작을 하고 있었고, 고등학교에 올라가서도 변하지 않았다.

한번은 선생님의 출석부에 끼어 있는 종이에 급식비 지원을 받는 아이들의 명단이 적혀 있었고, 나는 또 그 친구들에게 연민을 느꼈다. '자신들이 지원을 받는 다는 것을 친구들이 알까 조마조마 하며, 방송 혹은 종례시간에 불리어지는 이름을 들으면서 그 친구들은 얼마나 상처를 받고, 자존심이 상했을까?'

혹자들은 그런다. '지금도 실시되는 저소득층 자녀의 무상급식을 왜 전면적으로 시행 하냐?' 고, 그럼 되려 물어 보고 싶다. '자신들의 자녀가 저소득층 가정으로서 지원 받는걸 친구들이 알까 조마조마 하며 지원 받는 것을 원하냐?' 고.

나는 정치를 잘 모른다. 계산 또한 잘 못한다. 무상급식을 함으로써 늘어나는 세금의 부담도 내게 숫자로 다가진 않는다.

하지만 이것 하나는 안다. 내 친구들의 무너진 자존심과 상처를, 서울시 의회는 잘 모른다. 우리 나이의 청소년들이 얼마 예민한 감수성과 여린 마음으로 상처를 잘 받는지. 지금의 급식비 지원 시스템은 개미마을의 개미들에게 '눈물' 을 안겨다주는 일이다.

복지가 보편적이고 우리가 왜 전면적 무상급식을 실시해야하는지에 대해 또 한 가지 이유가 있다. 오늘날 복지국가의 모델이 된 스웨덴의 전 수상인 잉바르 카를손을 다음과 같이 말했다.

"복지는 사회의 모든 구성원이 낸 세금으로 이루어지는데, 만약 복지의 혜택이 저소득층에게만 돌아간다면, 복지의 혜택을 받지 않은 절대 다수의 계층(서민, 중상층, 부유층)은 복지의 혜택과 질의 수준에 관심을 갖지 않거나, 오히려 그 수준을 낮추려 하기 때문에 모두에게 혜택이 돌아가야만 복지혜택은 그 수준의 향상을 도모할 수 있다." 즉 가난한 사람에게만 복지의 혜택이 주어진다면 그렇지 않은 사람들은 별 관심을 안 가지거나 복지의 수준을 낮추려고 할지도 모른다. 하지만 모든 구성원들이 복지 혜택을 받는다면 모두가 자신들의 혜택수준을 높이려 더욱 더 관심을 둘지도 모른다.

이러하듯 앞으로의 복지수준을 위해서나, 자라나는 새싹들에게나 무상급식은 중요한 것이다. '왜 전면적 무상급식을 해냐 하느냐?' 가 아닌 무상급식을 함으로써 '내 자녀, 미래의 복지 체계' 까지 내다보았으면 하고, 나의 마음속에서 자그마한 돌멩이처럼 나를 누르던 개미 마을의 개미들 역시 더 이상 상처받지 않았으면 한다.

▲ 화목한 가족사진

9개의 별

겨울 밤바다 같은 끝없이 짙은 하늘과 손톱을 깍아 놓은 것만 같은 얄궂은 달님, 서울의 밤하늘에선 좀처럼 얼굴을 보여주지 않는 도도한 별님까지. 겨울밤의 운치를 더해주는 삼합이 시골집에 오니 다 모였다. 집 앞 꽁꽁 언 저수지 옆 둑에 옹기종기 모여 있는 우리 가족은 아빠의 특별한 이벤트 때문에 찬바람에도 불구하고 한참을 밖에서 웃음꽃을 피웠다.

아빠의 특별한 이벤트라 함은 설날이 되기 며칠 전부터 나에게 장난스럽게 웃으며 "올해 명절에는 특별한 이벤트가 있으니 기대하라."고 말씀했던 것처럼 정말 특별한 이벤트였다.

아빠에게 "뭔데요? 네? 네?" 라고 물었지만 속으론 '또 아빠만 즐거운 나무 심기겠지' 라고 옛날에 아빠가 하신 것들이 생각나 그리 기대하지는 않았다. 그렇게 시골에 내려와 밤이 되니 아빠는 한껏 들뜬 목소리로 "풍등을 날리러 가자."라고 말씀하셨고, 할아버지부터 남동생 수규까지 의아한 눈길로 물음표를 던졌다.

아빠가 기대감에 찬 목소리로 말씀했던 이벤트의 정체는 새해의 작은 소망을 담아 하늘 높이 날릴 수 있는 큰 풍등이었다. 가족 모두가 거실에 모여 한 명씩 작은 소망을 말했다. 할아버지의 소망, 할머니의 소망, 작은 아빠의 소망, 우리엄마의 소망 까지 9개의 소망을 하나씩 소중하게 풍등에 적었다. 우리 집의 명필가인 내가, 한석봉보다 더 세심한 펜 질로 휘황찬란하게 적은 글들을 모두 소박하고 사랑이 담긴 소망이었다.

가족의 건강을 소망으로 담은 우리 할아버지의 풍등, 내후년에는 떡두깨비 같은 아들 한명을 낳게 해달라는 소망을 담은 둘째 삼촌의 풍등, 그리고 고등학교에 입학하면 전교 100등 안에 드는 모범생이 되고 싶다는 소망을 담은 귀여운 남동생의 소망 등... 모두의 소망을 담은 9개의 전등을 다 썼다. 아빠는 골목대장 역할을 하던 초등학교 시절로 돌아간 것처럼 어린아이 같이 즐거워 하셨다.

우리가족 모두 동심의 세계로 돌아간 양 즐겁게 저수지 옆의 둑에서 담소를 나눴다. 첫 번째 풍등이 날아갔다. 아빠의 소망이 담긴 풍등이 날아가니, 정말로 저기에 하늘 끝까지 날아가 별이 될 것만 같았다.

내동생의 소망, 둘째삼촌의 소망, 할아버지의 소망 그리고 내 소망, 모두 불을 붙여 날아가니까 9개의 전등이 칡 흙 같은 밤하늘에서 별처럼 불은 밝히고 있었다. 풍등이 불을 밝히는 밤하늘을 보면서 가슴 벅참이 느껴지는 것은 어떤 이유 때문일까? 가족모두의 소망과 하늘높이 떠있는 9개의 풍등 그리고 아름다운 밤하늘 무엇 하나 빠질 것 없는 설날, 알 수 없는 가슴 벅참을 느낀 것은 새해를 맞이하는 우리가족들의 소박한 소망과 아름다운 밤하늘 그리고 오랜만에 보는 친척, 가족들의 반가움 때문이 아니었을까?

서리하는 날

이틀 전, 학교 화단 앵두나무에 앵두가 예쁘고 먹음직스럽게 열렸다는 정부를 입수했다. 소문을 전해들은 몇몇 친구들과 긴 체육복으로 갈아입고 장갑까지 준비했으니 모두 마음 단단히 먹고 서리에 나선 거다.

우리가 작정하고 앵두나무 서리를 모의한 것은 이유가 있었다. 담임선생님께서 수업시간에 잠깐해준 서리의 추억을 듣고 '나도 한번 해

보리라' 는 마음을 모두 품은 것이다. 선생님의 서리이야기는 우리의 마음을 끌 정도로 흥미진진했다.

서리를 하는 날이면 모두 모여 임무와 역할을 정하고 서리하는 곳은 꼭 같이 동참한 친구 중 한명의 집으로 정했다고 한다. 수박을 한 통씩 두드려 보고 갖고 올 때면 이상한 낌새를 눈치 챈 동네어른이 가끔 도망가는 아이들을 따라가기도 했지만 대부분은 아이들의 장난을 보고도 모른 채 하곤 했다고 한다. 나도 이야기 속의 시골아이가 되어 서리에 나선 것처럼 듣는 내내 가슴이 뛰었다. 그리고 해보고 싶다는 생각이 들었다. 이것이 우리가 서리를 하게 된 전말이었다.

마음 맞은 친구들끼리 아침부터 모의를 해서 단단히 준비했으니 각자 역할과 임무는 확실했다. 어느덧 고등학교를 다닌 지 햇수로 3년째인 이 시점에서 학교 안은 손바닥 안에 다 있다고 자부할 수 있었는데 탐스런 앵두나무가 있다는 얘기는 듣지도, 보지도 못 했었다.

결전의 시간인 점심시간이 왔다. 점식을 후다닥 먹고 원래는 자습실로 내려가서 공부를 하던지, 화장실로 가서 양치질을 하던지, 옆 반 친구에게 가서 못 다한 이야기를 풀던지 하는 우리의 평소 모습과 달리 오늘은 서둘러 앵두나무가 있다는 장소로 내려갔다. 앵두 따기 작당을 꾸민 사람은 나까지 넷이었다. 우린 다른 친구들의 질문에 얼렁뚱땅 대답을 해주며 서둘러 앵두나무를 서리하러 갔다.

소문의 앵두나무는 화단 깊숙이 심어져 있어 그동안 수백 번 지나다녔던 학교 화단 로에서도 눈에 띄지 않았던 것이었다. 더군다나 심어져있는 장소가 학생부 창문으로 내다볼 수 있는 곳이어서 설사 앵두나무를 발견했다곤 해도 실행으로 옮길 수 있는 강심장은 극히 드물었을 것이다.

우린 고3이라는 면죄부를 믿고 망설임 없이 서리에 나섰다. 망보는 친구 하나, 바구니를 들고 있는 친구하나, 앵두 따는 친구 둘 이렇게 모인 넷은 장정키 정도 되는 앵두나무의 앵두를 열심히 땄다. 그러다 보니 10분도 안 되서 바구니가 수북해지고 이마엔 송글송글 땀이 나고, 손에는 빨간 앵두물이 들어 있었다. 선생님 눈치 보랴, 학생들 눈치 보랴 마음 졸이며 딴 앵두를 보니 괜히 뿌듯해졌다. 딴 앵두열매를 씻어보니, 금세 종이컵 하나가 가득 찼다. 담임선생님께 딴 앵두열매를 한 컵 갔다드리니 계속 웃으셨다. 다 큰 처자들이 서리한번 해보겠다고 만반의 준비를 하며 옷에 흙을 묻혀온 게 내가 생각해도 우습긴 우스웠다. 다음번엔 하지 말라고 하면서도 연신 웃으셨다.

반 친구들과 서리한 이야기를 반찬 삼아 앵두를 나눠먹었다. 사실 제철도 아닌 앵두가 뭐 그렇게 맛있냐 하다만은 재미있는 경험과 추억을 담은 앵두가 우리 입엔 여간 달작지근 한 게 아니었다.

도시에서 태어나 도시에서 자란 나와 친구들은 흙을 만져볼 기회가 많지 않았다. 또한 부모님 세대에나 있을법한 서리도 우리에겐 도둑질이라는 인식이 자리 잡혔기에 실제로 해볼 수도 없었다. 공동주차장을 갖고도 매일같이 이웃과 다툼을 하고, 심지어 서로에게 상해를 입히는 요즘 같은 시대에 서리라는 문화는 책에서나 읽을 수 있는 가끔 아빠에게 전해들을 수 있는 이야기였다. 나에게 첫 서리의 추억을 심어준 앵두나무는 그래서 더욱 의미 있었다.

다 커서 한 첫 서리는 가슴 졸이는 설렘을 가져다주었지만, 다음번에 또다시 감행하면 이번엔 애교로 넘어가지 못할 문제니 이제 다시는 못할 것 같다. 처음이자 마지막이 된 앵두서리는 나에게도, 친구들에게도 아마 잊지 못할 추억이 될 것 같다.

이번 기회에 확실히 배운 것은, 서리한 앵두가 확실히 사 먹은 앵두보다 훨씬 달았다는 사실이다.

꿈을 위하여

방학을 한 지 벌써 며칠이 지났다. 고등학교 3학년으로는 마지막 여름방학이지만, 나와 내 주변의 친구들에겐 학교 다닐 때 보다 더 힘든 시기가 온 것이다. 모두 마음속에 품고 있는 대학을 향한 마지막 속도를 올리고 있을 것이다. 지금도 고3들의 시간은 초조함과 불안함을 갖고 함께 달리고 있다.

나는 어렸을 때부터 글쓰기를 좋아해서인지 작가나 신문방송 관련 학과에 진학하고 싶다는 꿈을 꾸준히 키워왔다. 그래서 학교공부를 하는 틈틈이 그 쪽 분야와 관련된 공부를 준비했고, 노력했다.

내 꿈을 실현시키기 위하여 고등학교 2학년 겨울방학에 그동안 써왔던 수필을 월간 국보문학 수필부문 신인문학상에 응모를 했었다. 평소 내가 책을 많이 읽고, 또 글을 쓰는 모습을 자주 봤던 엄마가 응모를 권했던 것이다. 엄마의 아는 지인이 수필로 등단을 하고, 그 책을 엄마에게 주어서 나에게 까지 오게 된 게 시작이었다.

사실 나는 나름대로 글을 열심히 쓰고는 있었지만, 신인문학상에 도전하는 것이 어불성설이라고 믿었다. 그런데 얼마 후, 신인문학상 수상이 확정되었다는 전화를 받고 깜짝 놀랐었다. 심사위원께서 청소년답지 않는 시각으로 '세계화된 우린 사회' 를 잘 표현했다고 했을 때 감사하고 부끄러웠다. 나는 수필가로 등단된 이후 그동안 막연히 글을 썼던 자세에서 벗어나 내가 쓴 글들이 우리 친구들부터 내가 잘 모르는 사람들까지 읽게 된다는 사실 앞에 아직 어리지만, 나도 모르게 작가로서의 사회적 책임을 갖게 되었다.

그동안 내가 좋아했던 작가들의 글을 시간가는 줄 모르고 읽고 나서 감동받았던 내 모습이 떠올랐다. 그러면서 앞으로 내가 쓴 글을 읽고 나처럼 꿈을 꿀 학생들과 독자들을 생각하면서 나도 모르게 자부심도 느끼고, 또한 책임감도 느끼게 된 것 같다.

오늘 아침에도 신문의 사회면을 꼼꼼히 읽었다. 사회면에는 우리 사회의 실상이 적나라하게 적혀있었다. 또한 사설에는 우리나라뿐만 아니라 세계적으로 일어나고 있는 사건들이 촌철살인 같은 표현으로 적혀있었는데 항상 세상을 바라보는 다양한 시각에 놀랐기만 하다.

글을 쓰는 사람들에게 신문은 더 없이 좋은 참고서라는 생각이 든다. 신문에는 인간이 인간답게 살아가야 할 기본 소양이 담겨있고, 또한 정신적, 도덕적으로 추구해야할 길이 담겨져 있다. 따라서 글을 쓰는 작가라면 신문을 읽어야 한다는 게 요즘 생각이다.

신문을 읽으면서 또 한 가지 꿈도 생겼다. 신문기자가 되보고 싶다는 것이다. 독자들에게 거짓 없는 사실을 알리고, 호기심과 해결책까지 풀어주는 기자야말로 매력적인 직업이라고 생각했기 때문이다.

방학이 시작되고 모두들 꿈을 향해 달려가고 있다. 나는 이제 고3이다. 나 또한 꿈을 꾸며 달리고 있다. 꿈을 꾸는 대한민국의 모든 청소년들에게 응원의 메시지를 보네고 싶다. 그리고 나 역시 앞으로 나만을 위한 글이 아닌, 사회에 소외받는 사람과 아픔을 가지고 있는 사람을 위한 글을 쓰고 싶다.

생각이 인생의 소금이라면 희망과 꿈은 인생의 사탕이다. 꿈이 없다면 인생은 쓰다. -바론 리튼

지워지지 않는

친구들과 같이 밥을 먹을 때였다. '어두운 밤길을 혼자 걷다보면, 무서운 생각을 많이 하게 된다.' 는 이야기였는데 그때 가만히 듣고 있던 친구 한명이 뜻밖에 애기를 꺼냈다.

"너희는 납치당할 뻔한 적이 한 번도 없어?"

친구는 그런 상황이 몇 번은 있었다는 듯이 말을 꺼냈고, 나와 다른 친구는 놀래서 되물었다.

"너는 그런 적이 있어?"

"언제, 어디서?"

속사포로 질문을 꺼내는 우리와 달리 차분하게 이야기를 꺼내는 친구는 담담해 보였다.

친구의 기억 속 이야기는 이러했다. 당시 초등학교 2학년이었던 친구는 일찍 학교에 들어가 또래보다 더 어린 8살이었다. 피아노 학원을 마치고 집으로 가는 길에서 웬 모르는 아저씨가 길을 물어봤다고 한다. 친구는 별 의심 없이 길을 알려줬고, 그 아저씨는 잘 모르겠으니 같이 가달라고 요구를 했다.

당시 어렸던 친구는 '같은 방향이니까' 라며 별 생각 없이 그 의심스런 사내와 동행을 했다. 하지만 이상한 낌새는 그때부터 시작됐다. 분명 모르는 길을 알려주며 같이 가주는 건 내 친구였지만, 그 사내는 계속 친구를 어딘가로 끌고 가는 것 같은 행동을 보였다고 한다. 그때까지도 눈치를 못 챘지만, 그 사내가 자신의 집인 것 같은 아파트에 친구를 끌고 가려는 모습에서 비로소 이상함을 느꼈다고 한다.

그때부터 의심스런 사내에게 벗어나려고 했지만, 꽉 잡은 손을 놓지 않았다고 한다. 이미 아파트 복도를 지나고 있었고, 복도식 아파트여서 친구는 온 힘을 다해 소리를 질렀다고 한다.

"이러시지 마세요."

친구의 목소리가 복도에 크게 울리고, 사내의 집의 문이 열렸을 때, 친구를 보면서 사내는 크게 웃었다고 한다. 아주 오랫동안.

그때가 기회가 되어 친구는 다행스럽게 사내의 손을 뿌리치고 도망을 칠 수가 있었다. 이야기를 듣는 내내 내가 조마조마했다. 그리고 마지막에 무사히 집에 왔다는 얘기를 듣고 나도 모르게 큰 한숨을 쉬었다. 하지만 이야기를 해준 친구는 아직도 그 사내의 웃는 얼굴을 또렷하게 기억한다고 했다. 아마 그 웃음소리와 얼굴을 평생 기억에 남을 것 같다며. 어릴 적 기억이지만 아직도 생생하다고.

또 다른 친구의 이야기는 더욱 더 소름끼쳤다. 그때는 친구가 막 이사를 왔던 때였다. 아직 적응도 안 되고, 동네 길도 잘 모르던 때였는데 밤늦게 학원이 끝나고 집으로 가던 길이였다.

모르는 남자가 길을 물어봤다고 한다. 대충 길을 알려준 친구에게 같이 차에 타고 가면서 알려 주는 게 어떻겠냐? 고 물어봤고, 친구는 남자의 뒤로 얼핏 보이는 봉고차가 몹시 수상쩍어 보였다고 한다. 몇 차례 거부하는 친구에게 본색을 드러내며 강제로 차에 태우려고 했고, 친구는 있는 힘을 다해 도망치려고 했다. 하지만 손을 잡혀 차까지 끌려갔고, 반항하는 친구의 얼굴과 몸을 구타했다고 한다. 많은 몸싸움 끝에 다행스럽게 남자의 손에서 도망칠 수 있었고, 온 몸에 많은 상처가 생겼다고 한다.

하지만 친구는 결국 가족에게도 말할 수 없었다고 한다. 그날 많은 상처를 입었지만 그 친구는 마음의 상처까지 입었다고 한다. 이사를 오고 적응도 안 된 친구에게 그 날의 기억은 씻을 수 없는 상처가 된 것이다.

한국 성폭력 상담소의 보고에 의하면 성범죄율 1위가 미국, 2위가 스웨덴, 한국이 3위라고 한다. 하지만 다른 나라보다 현저히 낮은 신고율로 인해 더 많은 피해자가 있다고 생각된다고 한다. 현재 한국에서 발생되는 성범죄 중 신고 되는 경우는 10%미만이라고 한다. 대부분의 피해자들이 신고를 꺼리는 이유론 대한민국의 뿌리 깊은 '남성 중심적 사고' 와 사회의 편견으로 인한 '두려움' 때문이라고 한다. 또

한 '강력하게 저항하지 않은 것도 잘못' 이라는 말도 안 되는 이유를 들어 솜방망이 처벌을 했던 그간의 판례들로 인한 신뢰감 부족에 있다.

얼마 전, 전 국민을 분노케 했던 '조두순사건' 이후 끊임없이 행행되는 성범죄에 대해 정부는 강력한 처벌을 내세웠지만, 정작 실천으로 옮기는 실행력은 부족한 것으로 보인다. 부족한 실행력은 대한민국 사회의 성범죄를 더욱 증가시키는 역할을 할 뿐만 아니라, 상처받은 피해자들에게 또 한 번의 지워지지 않는 아픔을 주는 것이다.

앞으로의 대한민국 사회가 성범죄자에 대한 강력한 실행력은 물론이거니와, 사회의 뿌리 깊이 박혀있는 편견 또한 없애야지만 아무에게도 말 못하고 혼자서 아파할 피해자들을 수면 위로 끌어 올려야 할 것 같다.

친구들의 이야기를 들으면서 한 가지 느낀 것이 있다. 그들은 그 기억들을 잊지 않는 것이 아니라, 잊지 못한다는 것이다. 그리고 아마 그 기억은 평생 지워지지 않고 마음에 남을 것이다. 대한민국 사회가 피해자들의 지워지지 않는 상처까지 안아줄 수 있는 따듯한 나라가 됐으면 좋겠다.

F학점

그날은 엄마, 아빠 두 분 다 집에 있던 날이었다. 혼자 식탁에 앉아서 밥을 먹고 있었는데 별안간 나에게 날벼락이 떨어졌다. 엄마 아빠의 대화가 열린 안방문사이로 얼핏 들리기 시작했기 때문이다. "다음 생에는 청소 잘하는 여자랑 결혼해야겠어." 아빠의 잔소리 섞인

투정이었다. 엄마에게 장난식으로 청소에 대해 태클을 거는 것이 아빠 나름의 귀여운 애교였다. "아휴 빨리 당신한테 졸업해야겠어요." 이윽고 엄마의 반격이 들어왔다. 나는 재미난 라디오를 듣는 기분으로 엄마, 아빠 대화소리에 귀를 귀울렸다.

"당신은 나한테 평생 졸업 못해."

"왜요 평생 F학점 주시게요."

엄마 아빠의 대화는 가히 충격적이었다. 두 분의 닭살스런 애정행각을 한 두 번 본 건 아니었지만 먹고 있던 밥알이 까끌해지는 기분이었다. 방금 들었던 닭살대화는 A학점을 주고도 부족했다.

엄마, 아빠는 주변에서도 알아주는 잉꼬부부다. 어렸을 적엔 세상 모든 부부가 엄마, 아빠처럼 사는 줄 알았다. 아침, 저녁으로 뽀뽀하고 포옹하고 다 그렇게 사는 줄 알았었는데 중학교에 입학하고 처음 사귄 친구들과 이야기를 하면서 그게 아니라는 것을 느꼈다. 중학교 친구들과는 깊은 대화를 할 때가 종종 있었는데 그때마다 친구들의 가정사를 들을 수 있었다. 부모님 사이가 좋지 않은 친구가 많았다. 친구들과 대화를 할때 마다 나는 우리 집이야기를 할 수 없었다. 그리고 그때 처음으로 당연하다고만 생각했던 부모님의 금실이 감사해졌다.

얼마 전, 내 눈길을 끈 기사가 있었는데 내용인 즉 한국이 OECD국가 중 이혼율이 1위라는 것이다. 여기서 OECD국가란 경제 협력개발기구 30개 회원국을 말한다. 가족해체 현상이 급속화되면서 요금은 황혼이혼마저 증가 추세라고 한다. 이 같이 높은 이혼율은 버려지는 아이들을 만드는 요인이 되었다. 한국에 버려지는 아이들은 한 해 1만명이 된다고 한다. 이는 하루에 27.6명꼴로 아이들이 버림받고 있다는 얘기다.

10쌍의 신혼부부가 평생을 약속하면서 맹세의 서약을 하면, 그 서약의 잉크가 채 마르기도 전에 이혼을 하는 부부가 4쌍이 된다니 충격적이지 않을 수 없다. 결혼한 두 명 중 한 명이 이혼을 하게 되는 시대도 머지않은 것 같다. 그렇다면 왜 이렇게 한국의 이혼율이 증가한 것일까? 통계청이 발표한 '우리나라 부부 탐구생활' 에 의하면 우리나라에서 이혼하는 부부의 이유론 성격차이가 46.6%로 가장 높다고 한다. 그리고 그 뒤를 이어서 경제 문제가 따라온다고 한다. 현대사회로 들어서면서 여성의 경제적 지위가 높아졌고 그만큼 맞벌이 부부가 늘어났다. 맞벌이 부부의 증가 또한 이혼율의 촉진제 역할을 했다.

이혼하는 부부가 있으면 그 뒤엔 상처받은 자식이 있다. 부모님의 불화와 이혼은 어린 자녀들에게 크나큰 상처로 남을 것이다. 지금껏 사겼던 친구 중에는 이혼한 부모님 밑에서 자란 친구가 있었는데 같이 사는 가족이 아닌 보지 못하는 다른 한 쪽의 부모님에 대해 몹시 그리워하는 모습을 종종 보였다.

우리 사회는 산업화가 진행되면서 가족해체 현상이 급격히 증가했다. 가족해체 현상이란 가족으로서의 조화나 통일이 파괴되어 가정생활을 목표달성이 어려워지고 가족 구성원의 생활 욕구가 충족되지 못하거나 대사회적 기능장애가 나타나는 것을 말한다. 개인의 가치와 개인의 욕구가 중요시되는 현대사회에서 개인을 어떤 집단보다 중요시하는 사회적 분위기가 조장됐고 이는 전통적 가족이데올로기의 붕괴, 즉 가족의 개념을 약화시키는 현상을 낳았다.

공자와 제자들이 말하고 실천한 유교의 중요한 도덕이고 실천 덕목 중에는 '수신제가치국평천하' (修身齊家治國平天下)라는 말이 있다. 자신의 몸을 닦고 가정을 가지런히 하고 나라를 다스리면 천하가 태평하다는 소리다. 이것을 현대적인 관점에서 볼 때 자신을 이해하면서 가족이 서로 소통하며 조화롭고 아껴주는 환경을 만들어야 된다는 것이다. 나라의 시작은 가정에서 부터이다. 빠르게 증가하고 있는 이혼율을 바라보면서 쉽게 사귀고, 쉽게 결혼하는 요즘의 결혼행태가 안타깝기만 하다.

충격적인 닭살 발언을 한 우리 부모님이 자랑스러운 것은 그런 이유 때문 일 것이다. 우리 사회의 잉꼬부부가 늘어나기를 소망해 본다.

3장
목련이 필 무렵

추억이 없는 졸업식

'알몸졸업식' 집중단속, 단순가담도 형사 처벌.
교사는 가방 뒤지고 경찰은 감시.

말도 많고 탈도 많았던 졸업시즌이 다 지나갔다. 하지만 금년부터 예방차원이라는 명목아래 졸업식장에 뛰어든 경찰에 대한 논란은 아직도 후폭풍으로 남아있다. 경찰은 이번 졸업 시즌 동안 사만여명의 경찰력을 동원해 학교내외에 비치했고, 선생님들은 교문 앞에서 학생들의 가방 검사를 하는 등 삭막한 풍경들을 연출했다.

축하의 인사와 감사의 인사를 나눠야할 졸업식장은 괜한 사고가 일어날까 빨리 집으로 가라고 떠미는 선생님의 손짓만이 남겨져 있었을 뿐이었다. 이번해의 졸업식장엔 알몸도 없었지만, 추억 또한 없었다.

지금으로부터 2년 전, 나의 중학교 졸업식 날은 졸업을 했다는 해방감보다 섭섭함과 아쉬움이 더 큰 하루였다. 결국 그 날, 나는 혼자서 졸업생들의 눈물을 다 흘리며 나 홀로 눈물의 졸업식을 했다. 친구와 사진을 찍을 때도, 선생님과 작별 인사를 나눌 때도 끊임없이 서운함의 눈물이 나와 나를 당혹케 했었다.

그날 단짝 친구와 주고받은 편지에는 '졸업' 이라는 나의 자작시가 담겨져 있었다. 아직도 그 시를 읽으면 눈물이 핑그르르 돌 정도로 그 당시 나의 서운한 마음이 담겨져 있다. 내가 쓴 시의 마지막 연은 이렇게 마무리가 된다. '우리 끝이 아니라 새로운 시작이라 생각하자구나.' 그런 것 같다. 졸업은 차곡차곡 쌓아놓은 추억과 평생 기억할 친구들을 뒤로하고 새로운 출발을 시작하는 출발대 같다.

하지만 언제부턴가 소수의 몇 명만이 즐기는 졸업에 대한 과격한 해방감 표출은 많은 사람들의 눈살을 찌푸리게 했고, 결금 금년과 같이 추억의 자리도 남기지 못한 졸업식을 만들었다.

어떤 이는 경찰력을 동원한 것이 잘 한 것이라고 한다. 또 어떤 이는 이제야 깨끗한 졸업식다운 졸업식이 됐다고 한다. 하지만 강제로 감시하고 검사하는 졸업식이 과연 잘 된 것일까? 문화가 바뀌지 않는 이상 억압과 강제성은 별 효과를 보지 못 할 것이다. 결국 이번 년도에도 과도한 졸업식 뒤풀이는 여전했다. 아이들은 경찰을 피해 야산으로 그리고 눈에 안 띄는 깊숙한 곳으로 들어갔을 뿐이다. 문화를 바꾸지 못하면 올해와 같은 일은 계속 반복 될 것이다.

알몸 졸업식을 당한 피해자들은 '선배' 들의 어쩔 수 없는 강요와 분위기 때문에 동참했다 '고 한다. 알몸 졸업식의 가해자들은 자신들이 '선배' 한테 당한 것을 그대로 되돌려 준 것이라고 한다. 결국 피해자는 자신들의 선배가 그런 것처럼 되물림을 하는 것이다.

청소년으로서 최고 학년에 올라 이번 졸업식을 지켜보니 '선배' 라는 자리가 더 없이 중요하다는 것을 깨달았다. 경찰력을 동원 할 것이 아니라 학생들에게 교육과 의식개선이 먼저 필요한 시점이 아닌가 생각을 해 본다. 더 이상 해방감에 들떠 위험천만한 졸업식을 즐기는 문화가 아닌 '선배' 들이 먼저 나서서 바꿔주는 문화가 되어야 할 것이다.

졸업을 하는 후배들에게 커터 칼과 계란을 던지는 것이 아니라 "우리 맛있는 밥 먹으러 갈까?" 라고 외쳐주는 문화가 왜곡된 졸업식 문화를 예방하는 최선책이 아닐까 생각해 본다.

▲ 졸업식 때 친구, 엄마와 함께 기념사진

목련이 필 무렵

이른 봄에 피는 목련은 사람으로 하여금 가슴을 설레게 만든다. 필 때와 질 때의 대조적인 모습 때문일까? 봄을 느끼는 사람들의 마음을 울렁이게 만든다. 활짝 만개하면 그 아름다움은 황홀할 정도지만 떨어질 때면 꽃잎이 하나하나 흩어져 땅에 떨어지고, 금세 갈색으로 변해버리니 피어났을 때 아름다움을 기억하는 사람들에겐 크나큰 낙심을 준다.

나무에서 피는 연꽃이라는 이름에 걸맞게 귀족적이고 우아한 풍모를 자랑하는 목련은, 때때로 누군가에게 잊지 못할 추억을 끄집어내기도 한다. 오늘 작문시간이 그러했다. 작문선생님은 만개한 목련을 보며 한참을 추억에 잠기신 것 같았다.

그리고 입을 여셨을 때, 지금의 내 나이와 같던 시절의 추억을 끄집어 내셨다. 선생님의 추억은 목련 같던 같은 반 친구의 죽음이었다. 같은 반에 단아하고 예쁜 친구가 있었다. 꼭 목련 같은 친구였는데, 학교 등굣길에 버스를 타고 오다 사고로 죽었다고 한다. 반장이었던 선생님은 학급을 대표로 친구의 장례식을 갔는데, 그때가 꼭 목련 필 무렵이라고 한다. 목련 같던 예쁜 친구가 목련이 필 무렵 안타깝게 죽어서 항상 이맘때면 그 친구의 생각이 난다고 한다.

아름다움을 뽐내는 목련이 질 때면, 너무나 초라하기에 사람들은 목련이 만개할 때 진 모습을 상상하지 못한다. 아니 상상하고 싶어 하지 않는다. 작문 선생님의 목련 같던 친구도 지지 않을 것 같던 친구의 죽음이 꼭 목련과 닮았기에 목련이 필 무렵 생각나는 지도 모르겠다.

목련이 필 무렵 나도 생각나는 친구가 한 명 있다. 지금껏 나는 딱 한 번 전학을 갔는데 그때가 초등학교 2학년이었다. 전학을 한 반에서 친구들과 친해지기 시작했을 때, 유난히 마음에 든 친구가 있었다. 양 갈래를 하고 말이 없던 친구였다. 그 친구도, 나도 책을 좋아해서 '작은 아씨들' 을 읽고 이야기 했던 게 아직도 기억에 남는다.

내 기억 속에 그 친구는 조용하고 예쁜 목련 같은 친구였다. 학년이 올라가고 반이 바뀌면서 관계가 소홀해지고 서로가 어색해 졌을 때, 중학교에 올라가 다시 본 그 친구는 예전의 내가 좋아했던 친구가 아니었다. 변해버린 친구에게 실망했지만 내색하진 않았다. 이젠 연락도 하지 않을 정도로 멀어졌지만 오늘 작문 선생님의 이야기를 듣고 가장 먼저 그 친구가 떠올랐다. '지금은 어떻게 지낼까?' 궁금하기도 했다. 변해버린 친구를 보면서 실망했던 마음은 떨어질 때의 목련을 보면서 느꼈던 그것과 같았다. 하지만 오늘 그 친구를 생각 하니 몹시 보고 싶어진다.

아름다운 목련은 오래 전부터 정원에 심어 감상하던 나무로 잎은 중국 악기인 비파를 닮았다고 한다. 꽃은 4월에 잎보다 먼저 피며 줄기 끝에 한 송이씩 달린다. 이 때문에 목련꽃이 떨어지고 나면 줄기 끝에 뭉툭하게 잘린 것 같은 자국이 남는다. 북쪽을 향해 꽃을 피우는 목련은 임금님을 향하는 충절을 상징하기도 하는데 여기엔 전설 한 개가 전해져 온다.

아주 먼 옛날 옥황상제에게 귀여운 딸이 있었는데, 마음씨가 착한 공주여서 많은 청년들이 청혼을 했다고 한다. 옥황상제는 딸에게 마음에 둔 남자가 있냐고 물었고, 공주는 북쪽 바다 신을 연모한다고 말했다.

북쪽 바다 신은 행실이 좋지 않은 남자였기에 옥황상제는 반대를 했고 공주는 몰래 성을 빠져나와 북쪽 바다로 향했다. 하지만 도착해서 본 북쪽 바다 신은 아내가 있었고, 공주는 이루어질 수 없는 사랑에 괴로워 하다가 바다에 몸을 던져 스스로 목숨을 끊었다.

북쪽 바다 신은 공주를 가엽게 여겨 양지바른 곳에 묻어줬는데 옥황상제가 뒤늦게 소식을 전해 듣고 그 넋을 위로하고자 무덤에 꽃을 피게 했다. 그 꽃이 바로 목련이다. 이루어질 수 없는 사랑을 하다 죽은 공주의 미련 때문인지 목련의 꽃봉오리는 항상 바다 신이 살고 있는 북쪽 하늘을 향하고 있다고 한다.

전설을 듣고 나서 본 목련 꽃봉오리는 정말 신기하게도 북쪽을 향해 고개를 돌리고 있었다. 꽃말 역시 '이루어질 수 없는 사랑' 이다. 이른 봄에 피고 북쪽을 향해 고개를 돌리며 필 때의 아름다움이 질 때의 아쉬움으로 남는 목련은, 그런 꽃이다.

그래서 사람들은 목련이 필 무렵이면 누군가를 추억하는지도 모르겠다.

혁명가에서 독재자까지

사람들은 말한다. '떠나야할 때가 언제인가를 분명히 알고 가는 사람의 뒷모습은 너무나도 아름답다.' 고 요즘 세계는 떠나가야 할 때를 놓친 어느 혁명가의 몸부림을 보고 있다.

무아마르 카다피는 1942년 6월의 어느 날, 지중해에 면한 리비아 북단의 항구도시 시르트의 베두인 가정에서 태어났다. 어린 시절부터 혁명가 기질이 다분하던 카다피는 군사학교를 졸업 후, 1969년 9월 이

드리스 왕이 신병 치료차 터키에 체류하는 사이 무혈 쿠데타를 일으켜 권력을 장악했다. 왕정을 폐지하고, 리비아 아랍공화국이 출범함으로써 현대 리비아가 시작된다. 당시 그의 나이는 스물일곱 살 이었고, 각료의 평균 연령은 25세였다. 세계 역사상 가장 젊은 정부가 탄생한 것이다.

청년인 카다피가 혁명을 성공시키고, 직접민주주의와 여성 해방, 완고한 이슬람 율법체계에 대한 과감한 개혁 등 국민들이 진정한 주인이 되는 도덕적 자주 국가를 표방했을 때, 리비아 국민들은 물론 많은 제3세계 청년들에게까지 카다피는 '아프리카의 체 게바라' 였다.

하지만 그는 끊임없이 '영웅' 이고 싶었다. 젊은 시절, 카다피는 사파리수트와 선글라스 등, 일명 체게바라 패션을 즐겨 입었고, 프랑스의 나폴레옹을 닮고 싶어 나폴레옹의 지도력과 행보를 연구했다.

그에게 '리비아는 자신' 이었고, 국민들 또한 그럴 것이라고 생각했다. 장기집권은 반드시 부패한다는 불변의 진리를 억지로 외면한 카다피는 그가 끊임없이 원했던 영웅들의 아름다운 마지막 모습을 재현하지 못했다.

반면 '완벽한 혁명지도자' 라고 불리는 체게바라는 쿠바혁명을 이끌고, 많은 일들을 했음에도 안주하지 않고 쿠바를 벗어나 볼리비아로 투쟁무대를 옮겨 바리엔토스 정권을 상대로 게릴라전을 벌이다가 총살당했다. 당시 체게바라는 부와 명예를 다 얻을 수 있었는데도 불구하고, 또 다시 자신의 신념이 이끄는 대로 투쟁을 하다가 죽음을 맞게 된다. 많은 사람들은 체게바라의 죽음을 슬퍼하고, 안타까워한다. 하지만 체게바라는 혁명가로 죽고, 혁명가로 평생 역사에 기록 될 것이다. 부와 명예를 얻어 평생 권력을 독점한 카다피는 독재자가 됐지만 마지막 뒷모습까지 아름다웠던 체게바라는 혁명가가 되었다.

카다피가 이끈 리비아의 개혁과 업적들은 분명 역사에 기록 될 것이다. 하지만 그가 혁명가로 기록되기에는 너무 많은 강을 건넌 것 같다.

며칠 전, 브라질의 한 의사가 17년 전에 카다피의 성형수술을 한 사실을 공개했다. 의사는 당시를 회고하며, "카다피는 젊은이들 사이에 자신이 늙은이로 보이는 게 싫다면서 쿠데타를 일으켜 정권을 잡았을 당시인 스물일곱 살 때처럼 보이길 원했다"고 했다.

당시의 카다피가 성형수술대신 정권에서 내려왔다면 그는 스물일곱 살의 혁명가 카다피로 기억될지도 모르겠다.

앤디워홀 보고서
(상업적 미술이 예술로까지)

– 당신은 앤디워홀을 아는가??

화창한 봄날, 우리는 한국에서 잘 접하기 힘든 팝아트의 거장, 팝아트의 창시자 앤디워홀의 전시회를 봤다. 명성답게 많은 인파가 모여 있었다. 하지만 미술책에서만 보고 대중매체를 통해서만 접해봤던 그의 작품을 직접 감상 할 수 있다는 생각에 기다림이 지루하지 않았다. 계단을 올라가니 그의 삶을 짧게 연표로 그려놓은 곳이 있었다.

앤디워홀은 1928년 미국 펜실니비아 피츠버그 에서 이민자의 아들로 태어났다. 그는 피츠버그 카네기 공과대학에서 산업디자인을 전공하였고, 졸업 후 뉴욕에 정착하여 잡지 삽화와 광고 제작 등 상업미술가로 큰 성공을 했다. 그러나 고상한 예술만을 중시하던 당시 뉴욕의 화가들로부터 많은 질타를 받았다고 한다.

연표를 읽고 나서 오디오 가이드를 귀에 꽂고 그의 작품들을 하나씩 보러 가기 시작했다. 작품들은 팝아트에 대해 문외한 내가 보기에도 어렵지 않았다. 평범하고 우리 가까이에 있는 사물들을 예술화 하려던 그였기에 많은 작품들이 우리가 쉽게 접할 수 있는 소재였다. 하나하나씩 작품을 보던 우리가 딱 걸음이 멈춘 곳은 너무나도 유명한 작품인 앤디워홀의 '자화상' 이었다. 앤디워홀의 '자화상' 은 앤디워홀이 정면만을 응시한 채 아무 감정을 나타내지 않아, 얼빠진 듯한 표정과 흑백의 색은 마치 그의 심정을 나타내는 것만 같았다. 그의 자화상은 마치 사진 같으면서도 강한 자기만의 예술성을 띄고 있었다.

그 옆에는 워홀의 작품 중 가장 대중성 있는 작품인 '마릴린 먼로' 였다. 마릴린 먼로가 스스로 자기 목숨을 끊기 전까지 그녀는 대중이 가장 사랑하는 인물 중 한 사람이었다. 앤디워홀 역시 마릴린 먼로를 사랑했고 많은 작품에서 그녀를 그렸다.

마릴린 먼로가 칼라풀한 모습으로 쭉 나열된 그림은 누구나 접해봤을 것이다. 그 그림에서 워홀은 무엇을 말하고 싶었을까? 워홀은 대량생산이되 똑같은 그림이 여러 개 나열된 그림으로 산업화되고 있고, 대량 생산화 되고 있는 그 당시 시대상을 반영한 것이라고 한다. 그 작품으로 마릴린 먼로는 50여년이 흘렀지만 영원한 젊음의 상징으로 지금도 전 세계에서 가장 만나보기를 열망하는 인물 중의 한 사람이 되었다.

워홀의 마지막 작품까지 보고 난 후, 집에 와서 팜플렛에 쓰여 있던 글귀를 다시 한 번 읽었다. 당시에 앤디워홀에 대한 평이 극과 극의 대치 상태 속에 있다는 것을 다음과 같이 알게 되었다. "시대를 앞서 간 위대한 미술가 vs 대중의 기호에 재빠르게 영합한 상업미술가"라는 서로 상반된 평가였다.

우리 역시 워홀의 작품들을 보고 난 후 느꼈던 것은 그의 작품들은 하나같이 상업적이었고 대중적인 것들이라는 것이다. 하지만 앤디워홀은 오히려 이런 상업적 미술을 통해 대량생산의 코드를 질타했다는 느낌 또한 들었다. 그는 대량생산이 되는 소재를 예술화하여 버림으로서 예술까지 대량생산이 되는 이 시대를 우리에게 보여주고 있는 것이다.

많은 혹평들이 있었음에도 불구하고 앤디워홀이 지금까지도 사람들의 사랑을 받으며 그의 작품이 아직도 많이 사용되는 것을 보면 그는 대단한 예술가이자 성공한 예술가라는 것은 분명하다. 누구보다 상업적이었지만 예술적이었던 앤디워홀의 예술은 내 기억 속에 많이 남을 것 같다.

천붕지통(天崩之痛)

5월은 행사가 참 많은 달이다. 어린이날을 시작으로 석가탄신일, 스승의 날 그리고 어버이날이 있다. 특히 이번처럼 빨간 날이 징검다리처럼 껴있는 연휴엔 많은 사람들이 한 손엔 피크닉 가방을 들고 정체된 고속도로 행렬 속에 낀다.

어버이날 전날, 친구 분들과 강원도에서 모임을 갖게 된 우리 부모님들 또한 서둘러 채비를 하시면서 나가셨다. 나가는 부모님을 부르면서 동생과 나는 꽃과 선물을 서둘러 드렸다. 하룻밤 자고 오실게 분명하기에 우리는 하루 먼저 드리면서 "친구 분들께 자랑하세요."하고 장난스럽게 말했다. 나중에 엄마에게 들었는데, 아빠는 하루 종일 카네이션 꽃을 가슴에 달고 다니셨다고 한다. 어버이날 아침에 부모님께 문자를 보내면서 이런 특정한 날에만 감사를 전하는 내 모습에 못내 아쉬워졌다.

어버이날이 있고 며칠 후, 인터넷 기사에서 한 소식을 접했다. '어린이날'에 노모를 때려 숨지게 한 50대 남성의 이야기였는데, 남성은 3년 전 위암 수술을 받고 기저귀를 찬 채 생활해 온 노모에게 대변을 본 사실을 말하지 않았다는 이유로 수차례 때려 숨지게 한 것이다. 어버이날을 앞두고 일어난 사건을 보면서 나는 많이 놀랐다. 숨진 노모는 아마 저승에 가서도 아들을 원망하지 않았을 것이다.

흔히들 부모님이 돌아가신 것을 천붕지통(天崩之痛)이라고 한다. 부모님을 잃는 아픔이 하늘이 무너지는 고통과 비등하다고 해서 나온 말이다. 여기서 하늘은 나의 부모님이다. 기사 속의 대소변을 못 보는 노모는 분명 아들의 눈에 초라한 모습이었을 것이다. 하지만 열 달을 품고 나를 낳고, 항상 단 것을 나에게 주고 쓴 것을 자신이 삼키고, 끝까지 자식을 사랑하는 그 은혜는 잊어서는 안 될 것이다. 노모를 죽인 '패륜아' 는 하늘을 져버린 '불행아' 가 된 것이다.

현재 우리나라는, 65세 이상 인구가 총인구를 차지하는 비율이 7% 이상인 고령화 사회에서 20% 이상이 되는 초 고령 사회로 빠르게 다가가고 있다. 가족해체 또한 가속화 되면서 학대받거나 버려지는 노인이 크게 늘었다. 어버이날을 며칠 앞두고 일어난 충격적인 사건과 비슷한 일들이 이미 빈번하게 일어나고 있다. 사회적으로 제도를 더욱 촘촘히 짜는 것 또한 필요할 것이고 노인들에게 더욱 더 관심과 배려가 필요한 시점이 아닌가 생각해 본다.

하지만 가장 중요한 것은 '자식 된 도리' 일 것이다. 사회적 제도와 배려등도 자식의 사랑이 없으면 아무 소용이 없다. 사람은 누구나 자식으로 태어난다. 부모의 현 모습이 어떻든 그분들이 나의 하늘인 것은 변함없다.

숨 쉴 힘만 남아 있으면 자식을 걱정하는 것이 부모라고 한다. 나를 잉태하고, 끝까지 조건 없는 사랑을 베푸는 부모의 은혜를 다시금 생각해 보는 5월이 된 것 같다.

심순덕 시인이 쓴 '엄마는 그래도 되는 줄 알았습니다.' 를 보면 부모님의 사랑에 대해 다시금 생각해 볼 수 있는 기회를 준다.

엄마는
그래도 되는 줄 알았습니다.
하루 종일 밭에서 죽어라 힘들게 일해도

엄마는
그래도 되는 줄 알았습니다.
찬밥 한 덩이로 대충 부뚜막에 앉아 점심을 때워도

엄마는
그래도 되는 줄 알았습니다.
한겨울 냇물에서 맨손으로 빨래를 방망이질해도

엄마는
그래도 되는 줄 알았습니다.
배부르다, 생각 없다, 식구들 다 먹이고 굶어도

엄마는
그래도 되는 줄 알았습니다.
발뒤꿈치 다 헤져 이불이 소리를 내도

엄마는
그래도 되는 줄 알았습니다.
손톱이 깎을 수조차 없이 닳고 문드러져도

엄마는
그래도 되는 줄 알았습니다.
아버지가 화내고 자식들이 속썩여도 끄떡없는

엄마는
그래도 되는 줄 알았습니다.
외할머니 보고 싶다.
외할머니 보고 싶다, 그것이 그냥 넋두리인 줄만

한밤중 자다 깨어 방구석에서 한없이 소리 죽여 울던 엄마를 본 후론
아!
엄마는 그러면 안 되는 것이었습니다.

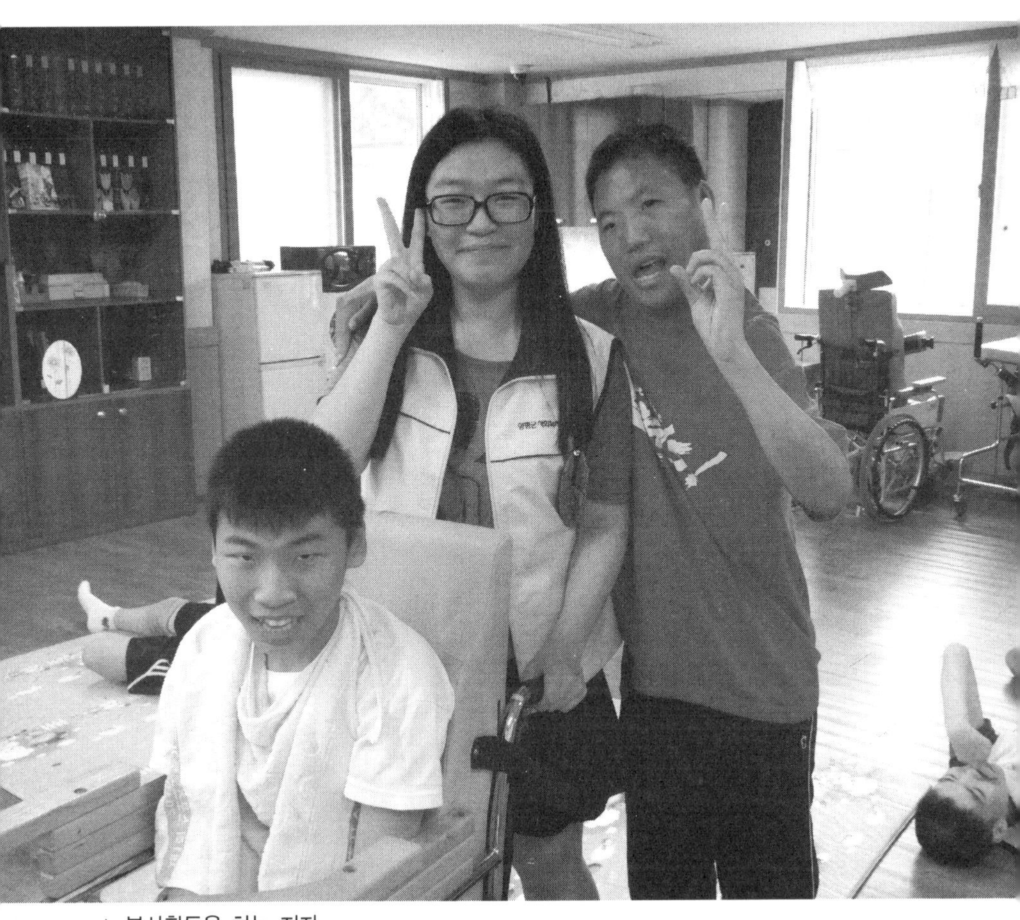

▲ 봉사활동을 하는 저자

더 큰 세상

당시 나는 유치원생이었다. 내가 그때 햇님 반이었는지 별님 반이었는지 기억은 안 나지만 아직도 생생한 일화가 있다. 부모님의 사정으로 잠시 동안 나와 동생은 할머니의 손에서 자랐다.

할머니는 우리에게 아낌없는 사랑을 주셨지만 어린 마음에 동생만 예뻐한다고 생각했었던 것 같다. 일찍부터 영악했던 나는 할머니의 관심을 끌어볼 작정으로 가출(?)을 감행했다.

사실 지금 생각해보면 가출이랄 것도 없었다. 아파트 단지를 사이에 두고 길가가 있었고 나는 길을 건너서, 살고 있는 아파트 단지에서 다른 단지로 넘어간 것뿐이었다. 하지만 어린 내 눈에 어찌나 새롭고 두근대던지 '할머니가 울면서 찾을 때까지 절대 돌아가지 않을 테다.' 라고 마음까지 단단히 먹고 모험에 나섰다. 그렇게 20분이 지났을까? 혼자 돌아다니며 아파트 단지를 헤매다가 나는 덜컥 겁이 나기 시작했다. '이러다 집으로 못 돌아가는 것이 아닐까?' 라는 두려움에 금세 휩싸였고 집으로 돌아가야겠다고 마음을 먹었다. 아마 7살의 '나' 에겐 작은 아파트단지가 내 세계의 전부였고, 마주 편 아파트 단지는 아직은 두려운 새로운 세상이었을 것이다.

새로운 세상을 개척하고 20분 후, 나는 다시 나의 세계로 돌아가야겠다는 생각을 했다. 빨리 할머니가 보고 싶었고, 얄미운 남동생도 보고 싶었다. 길을 잃어버리지 않았고, 아주 가까운 거리였지만 초조해서 눈물이 날 것 같았다. 집으로 가는 내내 다시는 집을 나가지 않겠다고 다짐도 했다. 그날 집에 도착한 후, 할머니에게 내가 잠시 방황했던 이야기는 하지 않았다. 할머니는 나의 짧은 방황을 알지 못하는 것 같았다. 당시에 그게 얼마나 서운했던지. 지금 생각해보면 나에게 이런 순수한 시절이 있었다는 것이 마냥 웃기기만 하다.

얼마 전에 비로소 할머니에게 그런 일이 있었다는 것을 이야기했다. 할머니는 미안해했지만 그 무렵 나와 동생을 키워준 할머니는 부모님보다 더 큰 사랑을 주며 나를 돌봐주었다. 지금은 훌쩍 커버린 나에게 아파트 단지는 더 이상 '큰 세계' 가 아니었다. 당시에 할머니가 주신 사랑이 이제는 나에게 더 큰 세상으로 남아있다. 7살의 꼬마에게 맞은편 아파트 단지가 두려움과 설렘이 넘쳤던 세상이었다면, 19살의 나에겐 할머니의 사랑이 더 큰 세상이었다. 이제는 말할 수 있을 것 같다.

"할머니 사랑합니다. 항상 건강하세요."

잃어버린 봄

푸릇푸릇한 새싹이 돋고, 봄을 알리는 진달래꽃이 피기 시작하면 사람들의 표정도 옷차림도 한결 산뜻해진다. 겨울 내 기다리던 소중한 봄의 햇살은 공부에 지친 나도, 고된 일을 나가시는 우리 아빠도, 시골에서 농사를 짓는 우리 할아버지도 반가워하는 존재이다.

여느 학생들이 그러하듯, 나는 이른 아침에 등교를 하면서 '봄이 어디까지 오고 있나' 측정해 본다. 현관문을 나서서 학교를 가는 길이 따듯해지기 시작하고 차갑기만 하던 매서운 바람이 상쾌한 바람으로 바꿔어 솔솔 불어 올 때면 나는 봄이 오고 있음을 느낀다. 학교 담장에 피어나는 이름 모를 봄꽃들과 벚꽃나무가 꽃을 피우면, 봄의 생명력이 졸린 눈을 깨워 주기도 한다. 하지만 언제부턴가 봄은 게으름뱅이가 되어갔다. 봄의 경치가 무르익기 시작 한다는 춘삼월이라는 말은 옛말이 된지 오래다. 특히 2010년의 봄은 나에게 끔찍한 기억을 남겨주었다.

나는 어렸을 적부터 몸에 열이 많아서 여름보다는 겨울이 좋았고, 남들보다 추위엔 훨씬 강하다고 생각했다. 차가운 겨울바람에 자신 있었던 나였지만 1년 전, 그 해 겨울은 질릴 정도로 추웠고, 어서 봄이 오길 기다리면서 새 학기를 맞았다. 학교 화단에 있는 온갖 꽃나무들은 기지개를 피고 깨어날 준비를 했고, 멀리 제천에 계신 할아버지도 1년 농사의 준비를 하고 있었다.

하지만 갑자기 불어 닥친 때 아닌 추위는 마지막 심술을 부리는 동장군의 못된 심보인지 아니면 안심하고 꽃봉오리를 내민 꽃나무들의 성급함을 질책하는 것인지는 모르겠지만, 다시 겨울이 돌아온 것만 같았다.

나는 그때까지만 해도 '잠깐 심술을 부리고 지나가는 꽃샘추위마냥 곧 지나가겠지' 라고 대수롭지 않게 생각했다. 내 예상은 3월 내내 우산을 들고 다니면서 잘못됐다는 것을 깨달았다. 당시에 일주일의 절반 가량이 비가 내렸고, 적당히 오면 그해 모내기에 도움이 되어 풍년이 온다는 봄비는 도가 넘치게 내렸다.

사람들은 봄의 싱그러움 대신에 겨울외투를 껴입었고, 학생들은 4월에도 동복을 벗지 않았고, 꽃봉오리들은 계절을 망각한 차가운 바람에 꽃을 피울 생각이 전혀 없어 보였다. 개 중에 용기 있게 피어난 꽃봉오리 위엔 눈이 내리는 해괴망측한 일까지 벌어졌다. 햇빛을 보기 어려운 농작물들은 제대로 자라지 못해 농사꾼들의 주름은 더욱 짙어져

갔다. 작년의 봄은 여러모로 내 생의 가장 추웠던 봄이었다.

사실 2010년의 봄은 103년만에 찾아온 불청객, 이상기후(이상저온)의 현상으로 해괴망측한 날씨를 보인 것이라고 한다. 우리는 그 해 봄을, '아버지를 아버지라고 부르지 못하는 홍길동처럼 봄을 봄' 이라 부르지 못했다.

기상 전문가들은 이런 날씨가 단순히 해마다 있는 변덕이 아니라 전 지구적 기후 변화의 조짐이라고 한다. 이상기후의 원인으로 지구의 온난화를 꼽을 수 있는데, 흔히들 알고 있는 '지구 온난화' 는 더워지거나 해수면의 상승을 야기 시킬 뿐만 아니라, 오히려 이동하는 열에너지의 양이 커지면서 극단적 더위뿐 아니라 작년 봄과 같이 극단적 추위도 생산하고 폭설이나 가뭄의 원인이 되기도 한다.

우리나라는 작년뿐만 아니라 최근 몇 년, 봄과 가을이 사라지고, 여름엔 극심한 더위 때문에 가뭄이 지속되었고, 겨울엔 한파와 폭설로 어마어마한 경제적 피해발생이 났다고 한다. 나라밖도 지구 온난화로 인한 피해는 속출 되고 있다. 러시아연방은 2010년에 관측 기록을 작성한 이래로 가장 뜨거운 여름을 기록했고, 지구 온난화로 인해 에베르트 · 산의 높이는 점점 하락하고 있고, 반면 해수면의 높이는 계속 상승하고 있어 100년 후에는 몰디브가 가라앉을 수도 있다고 한다.

그렇다고 기후변화의 원인이 꼭 지구 온난화를 일으키는 인간에게만 있는 것은 아니다. 자연적 요인으로는 화산분출, 태양 활동 등을 들 수 있고, 그 밖의 무분별한 개발로 인한 산림파괴와 산업공장의 매연, 자동차배기가스 등이 사람으로 인한 기후변화의 원인이라고 한다.

하지만 지구의 기온이 2도만 상승해도 남극의 빙하와 그린란드가 녹아 해수면이 수m 상승 하고, 3000만 명 이상이 기아로 고통을 받고, 생물종의 20%~30%가 멸종위기에 처한다니 모든 피해는 다 사람들에게 올 것이다. 결국 우리가 던진 부메랑이 다시 우리에게 날라 온 것이다.

학교 수업시간에 그런 얘기를 들은 적이 있다. '우리는 지구를 잠시 빌린 것이다. 지구를 아껴서 잘 사용하다가 다시 우리의 후손들에게 돌려주어야 한다.' 지구 온난화의 문제 역시, 미래의 후손들이 해나가야 할 숙제가 아닌 우리가 해결해야 될 숙제이다.

작은 행동으로 기후변화를 줄일 수 있는 지구 온난화의 예방으로는 에어컨의 사용시간 줄이기, 적정온도를 유지, 쓰레기의 양을 줄이거나 재활용하기, 분리수거를 확실히 하기 등이 있고, 집안에서 실천할 수 있는 것으로는 집 내부의 일반 전구를 절약형 형광 전구로 바꾸기(보통 전구보다 50% 넘은 에너지절감 효과가 있다고 함)와 안 쓰는 플러그를 뽑는 일 등 쉽고 작은 실천으로 할 수 있는 일들이 많다.

우리나라 고등학교 한국지리 교과서엔 예외 없이 등장하는 문장이 있다. '우리나라는 북반구 중위도로서 냉온대지방이며, 계절풍의 영향으로 사계절이 뚜렷합니다.' 작년의 이상기후로 사계절이 뒤죽박죽되면서 봄과 가을이 사라져서 '훗날 교과서에서 이 문장이 없어지면 어떡하지?' 라는 걱정을 했다.

만약 봄이 사라진다면 겨울 내내 기다렸던 따듯한 햇살과 벚꽃이 피어있는 교정은 누가 보상해 주는 것 일까?

미래의 사람들이 봄이 사라져 봄의 냄새를 맡지 못 한다면, 분명 나는 매우 안타까울 것 같다. 나는 후손들에게 봄을 깨끗이 돌려주고 싶다.

마지막 시험

땡땡땡 종소리와 함께 2학년 마지막 시험이 시작 됐다. 나는 두 손을 꼭 잡고 내가 필요할 때만 찾는 하나님을 찾으며 기도를 드렸다. '제발 잘 보게 해 주세요' 옆을 힐끗 쳐다 보니, 너도 나도 두 손을 부여잡고 기도를 드리고 마음을 안정시키는 등 마지막 시험에 대한 불안감을 자신만의 방법으로 해소시키고들 있었다.

나는 항상 시험을 본다. 이 시험 또한 2학년을 마무리하는 시험이지

내 앞에 남아있는 수많은 시험의 마지막 시험은 아니다.

항상 내 마음속에 의문점이 하나 있다. 우린 19년을 살면서 많은 것을 배우고 듣고 느낀다. 거기에는 때론 OMR카드라는 조그만한 노란 종이에는 담을 수 없는 수많은 것들이 있다.

'만약 내가 교육부 장관이라면 학생들의 평균 수면시간을 4시간으로 만들고, 밤 늦은 야식으로 몸무게가 불어나는 기말 시험을 없애버리겠다.' 라는 허경영보다 더 허풍스러운 공약을 마음속으로 내세운다. 아마 우리엄마 아빠도 내 공약에는 표를 주지 않을 것이 분명한다.

시험을 앞두고 창문을 보니 내 마음같이 우울한 빛의 하늘이다. 구름도 우리를 안타까워 하는 게 분명하다. 찡그린 듯한 구름의 모습을 보면서 조금 웃음이 났다. 꼬르륵 배에서 나만 들릴 정도의 진동과 소리가 들렸다. 아침밥을 먹지 않고 급히 뛰어온 게 지금에서야 후회가 된다. 친구들에게 들리면 어쩌지? 웃음거리가 될까 조마조마 하다가, '에이 모르겠다. 큰 소리로 꼬르르륵 거리면 천둥소리' 라고 우겨야겠다.

시험을 앞두고 많은 공상을 하면서 다른 생각을 하고 있다가 앞 친구가 넘겨주는 시험지를 서둘러 받았다. 쓱쓱 날카로운 샤프 소리와 친구들의 끙끙거리는 애타는 소리를 들으면서, 나 혼자 또 웃음이 난다.

지난 모의고사 때 누구라고 말 할 수 없다. 우리 반의 김모 친구가 시험을 다 보고 깊은 숙면을 취하고 있는 사이 자신도 모르게 괄약근에 힘을 풀어져서 "뿡"하고 큰 소리의 방구가 나온 적이 있었다. 그 순간 조용하고 긴장감마저 넘치던 시험시간이 웃음바다가 됐다.

한껏 장엄한 얼굴로 책을 읽으시던 세계사 선생님마저 웃음을 참지 못하고 빙그레 웃으셨다. 친구는 창피한지 볼이 발개졌지만 이내 자신도 웃긴지 한참을 같이 웃었다. 지금도 우리반애들이 가끔 웃음거리 소재로 쓰지만 방귀 뀐 친구는 기분 나쁜 소리 한 번 안한다.

아, 그러니 또 생각난다. 저번 기말 고사 때는 이런 적도 있었다. 수학 시험을 앞두고 있어서 우리 반 모두가 예민하고 긴장된 상태였다. 너무 천천히 나눠주던 느긋한 국사 선생님께 막 화가 날 참이었는데, 성질이 급한 우리 반 친구가 "선생님 너무 천천히 나눠주시는 거 아니세요? 벌써 한 문제 풀었겠어요."라고 대뜸 소리를 질렀다. 시간이 워낙 부족한 수학 시간이라서 그럴 수도 있지 라고 이해 할 수도 있었지만, 너무 큰 목소리 항의를 해서 우린 마음속으로 조마조마 했다.

'선생님이 기분 나쁘셨으면 어떡하지?'

우리의 조마조마한 마음에 선생님은 웃으면서,

'이놈들아 너희는 시간이 부족해서 못 푸는 게 아니라, 몰라서 못 푸는 것 아니더냐' 라며 타박 아닌 타박을 주셨다.

긴장된 수학시간을 앞두고 한 바탕 웃음으로 모두가 웃고 나니 수학문제가 더 잘 풀리는 날이었다. 이날 우리 반 애들의 수학시험점수는 평균보다 훨씬 웃돌았다는 우스갯소리도 나왔다.

이렇게 1년간 '우리 반은 시험을 보면서도 참 재밌었다.' 라고 생각을 하니, 더 없이 소중한 친구들인 것 같다.

나 혼자 킥킥 웃으면서 마지막 시험을 보고 있노라니 많은 생각과 추억이 뇌리에 떠오른다.

오늘 시험이 끝나면 우리 반 친구들이랑 재미나게 놀아야지!

▲ 명일여고 수학여행 기념사진

단일민족에서 다민족국가까지

지금은 고인이 된 박완서 작가의 '그 여자네 집' 에 보면 주인공 만득이가 노년에 접어들어도 잊지 못하는 그리움의 종착지로 곱단이라는 여자가 나온다. 소설에서 곱단이는 함박눈이 내리면 살포시 앉아서 쉴 만큼 길고 예쁜 속눈썹을 가진 여자였다.

몇 년 전의 읽었던 짧은 단편소설이었지만 그 당시 곱단이의 속눈썹 묘사가 너무 아름다워서 내 기억 속에 오랫동안 남아 있었다. 요즘 시골길에서 만나는 아이들 중에는 나로 하여금 어여쁜 곱단이를 연상케 하는 아이들이 많이 있다. 올망졸망한 눈망울을 가진 그 나잇대의 아이들이 귀엽고 사랑스러운 건 당연한 이치지만 유독 눈에 띄게 예쁜 외모를 한 아이들이 부쩍 늘었다. 내가 여기서 말하는 눈에 띄는 외모란 소설 속 곱단이처럼 길고 예쁜 속눈썹을 가질 뿐만 아니라 한국의 아이들과는 '조금 다른 생김새' 를 가진 아이들을 말하는 것이다.

시골길에서 만나는 그 특별한 아이들이 한국사회에서 코시안(한국인과 아시아인 사이에서 태어난 2세 또는 아시아 이주노동자의 자녀를 일컫는 말)이라고 불리는 혼혈아들이다. 한국 전쟁이후 미군기지 주변의 유흥가를 중심으로 태어난 아이들이 바로 우리나라 혼혈 1세대들이다. 그 후 한국 경제가 한강의 기적이라고 불릴 만큼 비약적인 성장을 거두면서 외국의 노동자들이 돈을 벌러 한국행을 택하기 시작했고, 이촌향도의 현상이 갈수록 심각해지면서 시골의 총각들이 장가를 가지 못하는 일이 벌어지기 시작했다. 이에 한국과 가까이에 접한 아시아 여성들과 우리나라 농촌 총각들의 국제결혼이 성행하기 시작하면서 혼혈2세대라고 불리는 다문화가정아들이 더욱 더 늘어났다.

실제로 한국 남성 100명 가운데 30명이 지난해 외국인 신부를 맞이했고, 인구 조사결과 우리나라 인구의 2%가 외국인이라고 한다. 하지만 늘어난 외국인의 수만큼 우리나라의 외국인 복지와 외국인을 바라보는 사회적 시각이 좋아진 것은 아니다. 대다수의 우리 국민들은 우리 국적을 가진 혼혈아들을 이방인이라 생각하고, 우리나라에 들어와 있는 외국인 근로자들에게 잘못된 언행과 비인격적 대우를 하기도 한다. 국가 인권위원회가 조사한 결과, 국내 거주 혼혈인의 42.2%가 교육, 고용, 혼인에 있어서 피부색등으로 인한 지속적인 차별로 자살을 시도한 경험이 있다고 한다. 어느덧 동아시아의 중심지로 세계화 사회를 주도하는 한국의 이면적 모습이라고 할 수 있다.

한국에서 생활하고 있는 많은 수의 외국인들과 혼혈아들이 느끼는 사회적 차별과 소외감에 관한 뉴스와 글을 접하면 나 또한 씁쓸해 지기는 마찬가지이다. 만약 내가 경험해 보지 못 했다면 나는 안타까운 마음에 '그들에게 편견과 차별을 두지 말고 우리의 이웃과 가족으로 생각하자' 라고 당장에 주장했을지도 모른다. 하지만 나 또한 처음에는 낯설었기에 한편으론 이해가 되면서 더욱 안타깝다.

낯설었던 나의 작은 엄마이야기를 시작하려면 3년 전으로 거슬러 올라가야한다. 그 당시 첫째 삼촌은 늦게까지 장가를 못간 상태였고, 결국 국제결혼을 단행하게 된 삼촌의 나이는 당시 38세였다. 첫째 삼촌은 서른여덜살에 결혼을 하게 되었고, 나는 외국인 작은 엄마가 생겼다. 내 생의 첫 외국인 가족이 생긴 셈이었다. 우리나라와 그다지 멀지않은 중국에서 온 작은 엄마는, 나에게 많은 것을 새삼 느끼게 해 주었다. 한 나라 안에서도 다양한 언어와 문화가 생기기 마련이다. 중국과 우리나라가 가깝다 한들 문화, 언어, 종교의 차이는 분명 존재했다. 당시에 작은 엄마는 나에게 가까이 하기에는 너무 먼 존재였다.

내가 기억하는 작은 엄마와의 첫 대화는 기초 중국어 회화의 문장이었다. 그 대화도 처음 만남에서 건넨 것이 아니었다. 몇 번 얼굴을 익히고 나서 할까 말까 고민하다가 어렵사리 꺼낸 말이었다.

"니 츨 판러마 (밥 먹었습니까?)"

"츨 러(당연하지)" 나의 질문에 웃으면서 대답을 해준 작은 엄마에게 고맙다고 느꼈다. 이 짧은 문장은 중국어를 처음 배우는 학생들이라면 누구나 거쳐 가야할 기초 회화였다. 하지만 밥은 먹었냐는 간단한 질문을 하려고 몇 번이고 머릿속에서 문장을 되새겼다. 그 이후에도 종종 학교에서 배운 중국어를 이용해서 작은 엄마와 대화를 시도했지만 쉽지 않았다. 다른 나라 사람과 가족이 되는 건 언어뿐만이 아니라 음식과 명절문화등 사소한 것도 다르기에 많은 불편을 감수해야 한다는 것을 그때 많이 느꼈다.

그렇게 1년이 가고, 2년이 가고, 3년째가 됐다. 이제 작은 엄마는 사투리가 심해서 종종 나도 잘 알아들지 못하는 할머니의 말은 물론이거니와 제사상을 준비하는 일에서부터 차리는 일까지 크고 작은 일들을 모두 잘 해내신다. 물론 처음엔 작은 엄마도, 우리 가족도 모두 조금은 불편했다. 하지만 작은 엄마는 한국의 문화와 조금 다른 문화를 가지고, 조금 다른 언어를 쓰는 가족이었을 뿐이었다.

1970년대, 박정희 대통령은 한국 사회의 빠른 발전을 위한 공동체 정신을 기르고자 '단일 민족' 의식을 퍼트렸다. 그 덕에 우리나라는 단결 되었고, 경제는 비약적으로 발전되었다. 21세기는 세계화 시대이고, 우리나라는 그 중심에 서 있다. 앞으로도 더욱 많은 외국인들이 우리나라에 귀화할 것이고, 혼혈아들은 우리 사회를 이끌어가는 계층으로 자리 잡을 것이다. 이런 추세에 발을 맞추지 못하고 아직까지 민족과 국적에 연연하는 것은 분명 시대착오적 발상일 것이다. 1970년대의 경제 발전이 '단일 민족' 이라는 공동체 의식이 한 몫을 했다면 앞으로는 '다민족 국가' 라는 세계시민 의식을 필요로 하는 단계라고 생각한다.

작은 엄마와 내가 그랬던 것처럼 처음에는 우리 모두 '니 츨 판러마' 로 시작 하자. 서로를 배려하고 있다는 작은 마음이 전해지면 분명 머지않아 '가족' 이 될 수 있을 것이다.

〈 제4회 한국문학신문 청소년 백일장 수필부문 대상 작품 〉

생일 대소동

내 방, 내 책상 위, 내 작은 탁상 달력에는 매년 3월 7일에 빨강색 색연필로 하트 표시를 해 놓는다. 그 날이 나의 생일이기 때문이다. 곧 있으면 돌아올 나의 생일날이 표시된 달력을 보고 있자니 얼굴에 웃음꽃이 피었다. 천방지축 15살의 생일날이 문득 생각나서였다.

내 생일은 항상 새 학기가 시작되는 첫 주에 껴있는 경우가 많다. 그래서 새로운 반 친구들에게 생일은 알리기에도 좀 그렇고, 작년의 같은 반 친구들에게 "나 생일이야"라고 생색내기도 좀 그런 애매하다면 애매한 날짜이다.

가끔 2학기에 안전한 생일(?)을 맞이하는 친구들을 보노라면 부럽기도 하다. 그렇다고 내가 생일날, '마음은 가볍게 두 손은 무겁게' 를 지향하는 '선물 요구 파' 는 아니다. 나는 매년 친구들에게 "정성을 담긴 편지 한 장을 밤새도록 머리를 짜서 내가 읽노라면 감동의 눈물이 펑펑 나오게 써와라" 라고 요구 할 정도로 친구들의 편지를 좋아한다.

18번의 생일을 맞이했고, 곧 19번째 생일을 맞이할 지금 나의 '추억박스' 라고 불리는 각종 잡다한 것이 들어있는 지름50*50의 큰 박스는 이미 친구들에게 받은 편지들로 넘쳐 날 지경이다.

가끔 무료할 때 나의 추억박스는 나에게 추억을 되새김질 해주고, 향수에 적게 해준다. 그 안에는 한 달 동안 밤을 지새우며 나의 생일 편지를 앨범에 만들어준 친구의 장대한 편지도 있고, "오늘 같이 하교 못할 것 같애." 라는 짤막한 메시지가 담겨있는 쪽지도 있다. 이렇게 나는 '생일 선물 지향파' 가 아니라 '생일 편지 지향파' 이다. 그런 나에게도 잊지 못 할 생일 파티가 있었으니, 15살의 무서울 것 없는 중학교 시절의 생일 파티 이야기다.

중학교 2학년 새 학기가 시작된 나는, 여느 여학생들이 그러듯 쫑알쫑알 하루 종일 친구들과 이야기를 했다. 여기서 이야기라 함은 어제 본 TV프로그램, 가요무대, 곧 있을 수련회 이야기, 친구의 친구가 말한 100% 사실인 연예인의 사생활 이야기 등이다. 그리고 뭐니 뭐니 해도 이런 수다의 끝은 친구들의 '뒷이야기' 이다. 뒷 담화를 시작하면 아직은 어색한 새 학기, 새 친구와 10년을 같이 다니며 못 볼 것, 볼 것 다본 죽마고우처럼 되는 것은 시간문제다.

그렇다고 그 뒷이야기에서 험악한 험담들이 오고가는 것은 절대 아니다. 여자들의 뒷이야기는

"걔가 저번에 입고 온 옷 이상하지 않았냐?",

"걔 귀여운 척을 너무 해"라는 식의 귀여운 뒷이야기다.

나 역시 새로 사귄 친구들과 빨리 친하게 지내고 싶은 마음에 1학년 때 친구들의 뒷이야기를 한 것이 화근이 되었다.

이틀 후, "야 너 그러는 거 아니야"라고 시작된 친구들의 섭섭함 표출은 급기야 갑자기 문자를 하지 않고, 등하교를 같이 하지 않는 등 그 당시 나에게는 큰 충격으로 다가왔다. 친구들은 "너 가 그럴 줄 몰랐어." 와 "너 그러는 거 아니야"등 나에게 확실한 이유를 대지 않고 나를 자꾸 피했지만, 그 당시 나는 충격에 휩싸여 이미 이성적 판단이 무뎌진 상태였다.

친구들은 나를 며칠 동안 피해 다녔고, 나는 '그래, 나도 너희 같은 친구 필요 없어' 라는 오기가 생겨났다. 나도 새 친구들과 더욱 신나는 척 수다를 떨고, 복도를 뛰어다녔다. 하지만 나의 생일날 기어코 일이 터진 것이다. 새로 사귄 친구들에게 "생일 축하해"라는 시원찮은 편지와 축하인사에 기운이 푹 빠진 나는 하교를 하고 집에 돌아온 후, 한통의 전화소리에 화들짝 놀랐다.

"따르릉 따르릉"하는 전화소리는 나에게 "받지 마, 받지 마"라고 속삭이는 것 같았다.

"여보세요"

"나야, 아무래도 안 되겠어 화가 나서, 우리 결판을 짓자. 우리 집으로 이따 5시까지 와"

아뿔사, 일이 난 것이다.

'하필 나의 생일날 이럴 껀 또 뭐람' 아라는 생각과 '그래 내가 뭘 그리 잘못했어.' 라는 오기가 섞여 나는 당당하게 "알았어."를 외쳤다.

나중에 친구들에게 들은 이야기지만 그 당시 내 대답소리에는 불안과 초조, 걱정까지 담겨져 있었다고 한다. 정말 나의 입술은 바짝바짝 타는 것 같았고, 시계의 초는 다른 날보다 더 크게, 더 빨리 움직이는 것 같았다. 시계가 어느새 5시를 향해 가고 있을 때 '어서 서둘러야지, 겁쟁이로 보일래?' 라고 나를 떠미는 것 같았다.

나는 최대한 몸에 편안한 옷을 입었다. 어떠한 일이 벌어질지 모른다는 나의 상상은 이미 상상을 뛰어 넘어 영화 속 격렬한 싸움 장면을 생각하게 만들었다. 그리고 나는 '1대4는 너무 불리하다.' 라는 결론을 내렸다. 나는 그때 당시 내가 가장 아끼는 물방울 무늬의 장우산을 손에 힘주어 쥐고는 친구의 집으로 향했다.

친구의 집으로 가는 내내 말싸움을 할 대본을 입으로 중얼거렸다. 그래 당당하게 나가는 거야. 그러나 막상 친구의 집 앞에 도착했을 때 마음은 콩닥콩닥 뛰어서 초인종을 누르려는 손가락을 자꾸 머뭇거렸다. 장우산에 꽉 쥔 손에 힘을 주고, 초인종을 눌렀다.

친구들은 문을 빨리 열어 주지 않고 어떻게 된 게 나보다 더 분주해하며 집안에서 뛰어 다녔다. 그리고 이내 문이 열리더니 친구들의 머리에는 고깔모자가 씌여져 있었고, 손에는 형체를 알아 볼 수 없고 케익일까? 라고 의문문이 생기는 케익 비스무리 한 것이 들려 있었다.

폭죽을 터트리며 "생일 축하합니다."를 합창하는 친구들이 정말 얄미웠지만, 그 보다 더 크게 고마움이 들었다. 친구들의 눈이 "너를 속이려고 일주일을 연극하고 케익을 직접 만들었어, 울어야지."라고 말하는 것 같았다.

아름다움이란

명절날, 시골집을 향해 가는 길이였다. 아빠와 '아름다움이란?' 이라는 주제로 대화를 하게 됐다.

아름다움이란 무엇일까? 나는 처음에 단어를 생각하자마자 아름다운 여자, 아름다운 꽃, 아름다운 그림이 떠올랐다. 내가 생각해 낸 건 모두 시각적인 아름다움들이었다. 그에 반해 아빠는 눈에 보이지 않는 아름다움을 말했다. '건강함', '사랑' 등 보이지 않는 아름다움에 대해말해 줬다. "사람들은 흔히 예쁘고, 눈에 보이는 가시적인 것들을 아름답다고 생각하는데 건강이야말로 최고의 아름다움이야" 아빠의 말을 듣고 나는 건강함에 담겨있는 아름다움이 무엇일까 생각해봤다.

중학교 때 체험학습으로 올림픽공원을 간적이 있었다. 올림픽공원엔 넓은 들판과 새파란 잔디가 깔려있었고, 아이들은 언덕위에 올라가 뛰어놀거나 장난을 쳤다. 그때 잔디에 누웠을 때 나는 느꼈었다. '아름답다.' 왜 내가 그때 아름답다고 느꼈는지 모르겠다. 친구들의 웃음소리와 맑은 하늘과 시원한 바람이 아름다움을 만들어낸 것인지, 초록의 잔디밭과 어린 마음이 아름다움을 만들었는지. 하지만 그날의 아름다웠던 순간은 몇 년이 지난 지금도 잊혀지지 않고 남아있다.

또 한 번은 내가 직접 식물을 키운 적이 있었다. 엄마 된 마음으로 언제 싹이 틀까 두근거렸는데 내 바램대로 금세 싹이 트고 쑥쑥 크기 시작하더니, 뭔가 안 맞았는지 갑자기 시들었다. 햇빛을 많이 보면 더 빨리 클 줄 알고 욕심내서 햇빛을 보게 한 게 탈이 된 것이다. 물을 듬뿍주고 그늘에 놔두니 힘없이 잎을 축 내리던 녀석이 언제 그랬냐는 듯이 싱싱하게 물기를 머금고 서 있었다. 초록 잎을 반짝이며 서 있던 새싹을 보고 그 순간 아름답다고 느꼈었다.

내 아름다움의 기억들은 말로 설명할 수 없는 순간들이었다. '잔디밭에서 느낀 아름다움도 새싹을 보면서 느낀 아름다움도 아빠가 말한 '건강함' 에서 오는 것들이 아니었을까?'

나는 아름다움에 대하여 많은 생각을 해봤다. 어쩌면 그동안 내가 가지고 있던 아름다움의 범주는 대부분 보이는 한도 내에서의 가시적인 아름다움뿐이었을지 모른다. 우리는 눈으로 보이는 시각적 아름다움을 쫓고, 그것만이 진리인양 말한다. 하지만 눈에 보이는 아름다움은 제각기의 눈으로 주관적 평가를 하니 그것이 진정한 아름다움인지는 그 누구도 모른다. 눈에 보이지 않는 아름다움이 진정한 '아름다움' 일지 모른다.

아빠와의 대화로 아름다움에 대해 많은 생각을 해 볼 수 있는 기회가 됐다. 그 누구도 아름다움에 대해 정의할 순 없을 것이다. 한번쯤은 내가 생각하는 아름다움에 대해 고민해보는 것도 좋을 것 같다.

당신이 생각하는 아름다움이란?

다솜 4장
빨간 오뎅집

●

수학은 너무 싫어

여기도 '끙',
저기도 '끙',

보는 것만으로도 내 머리가 지끈 지끈 거리고, 다른 사람이 하는 것만 봐도 눈살이 찌푸려지며 내가 할라치면 갑자기 몸의 온도가 올라가고 땀이 뻘뻘 나며 나도 모르게 소리를 꽥 지르고 싶은 것은 무엇일까?

바로 '수학문제 풀기' 다.

얼마 전 수학을 포기한 고등학생이 전체의 60%에 달했다는 기사를 접했다. 2명중 한명은 수포자(수학을 포기한 사람)가 된 셈이다. 수학에 골머리를 썩이는 사람은 비단 나뿐만이 아니라 전국의 학생들이라는 것이다.

사실 나의 수학점수는 형편없기 그지없다. 나름 열심히 풀고, 풀고, 또 풀고를 반복해도 점수는 '안한 것 같아요' 라는 화장품 광고 대사 같다. 나와 같은 학생들이 어디 전국에 한둘일까? 그들에게나, 나에게나 수학은 보면 투지와 열정으로 이기고 싶은 마음을 불사르는 적이 아닌 보자마자 하얀색 수건을 내던지고 "기권이요"를 외치고 싶은 상대이다.

지금도 1초에 3개씩 팔려나가고 지난 50년 동안 10억 개씩이나 팔린 물건이 있다. 지금까지 팔린 것을 가로로 이어붙이면 지구를 7바퀴 이상 돌고도 남는다는 이 물건은 바로 '바비 인형' 인데, 한번은 말하는 바비 인형이 출시된 적이 있다. 그런데 그 말하는 '바비 인형' 이 종알거린 대사는 바로 '수학은 너무 어려워' 라고 한다. 수학 때문에 골치가 아픈 것은 동서양을 막론하는 것이다. 수학은 어딜 가나 골칫덩어리임이 분명하다.

그렇다면 나는, 우리는 왜 이렇게 수학을 어려워하는 것일까? 제일 큰 이유는 수학이 타 과목보다 많은 시간을 투자해야하는 과목이기 때문이다. 고등학교 교실을 들여다보면 대부분의 친구들이 수학문제를 끌어안고 끙끙되는 것을 볼 수 있다. 나 역시 아직 수학을 정복하고자 하는 마음이 끓어올랐을 때, '개념 원리' , '쎈' 등의 문제집과 하루 종일 씨름을 했다. 하지만 그와 모순되게 가장 오르지 않는 과목이 또 수학이다. 그러니 학생들에겐 '가까이 하기엔 너무 먼 당신' 이 된 것이다.

또 다른 큰 이유는 수학을 배우는 '의의'를 가르치지 않고, 수학을 배우게 하는 학교 교육에 있다. 수학을 배우는 학생들은 머릿속에 항상 의문부호를 붙인다. '과연 순열이 내 미래에 어떤 도움이 되는 것일까?' '과연 미적분이 내 삶에 어떤 도움을 주는 것일까?' 이런 의문이 수학을 학생들로부터 멀리하게 만드는 장애물이 되는 것이다.

물론 나에게도 수학시간이 즐거웠을 때가 분명 있었다.

지금은 3~40점 맞는 수학점수에 아무런 감흥이 없고, 50점 맞은 수학 시험지에 만족해 하지만 초등학교 땐 2개 틀린 수학시험지를 보고 펑펑 울기도 하고, 17+8을 암산으로만 풀면서 '혹시 수학천재가 아닐까'라는 귀여운 상상을 했던 시절이 분명 있었다. 하지만 학년이 올라갈수록 급격히 어려워지는 수학문제와 심화응용 문제는 흥미를 점차 잃게 만들었다.

분명 수학은 우리 생활에 필요한 과목이다. 컴퓨터 프로그래밍은 함수가 기본이 되어서 만들어지는 것이고 인공위성 또한 수학이 없으면 만들어 낼 수 없는 작품이다. 하지만 학생들에게 수학을 배우는 의의를 세워주지 않고 응용문제만 심화되는 수학은 학생들을 지금보다 더 많이 수포자(수학을 포기한 사람)를 만들뿐더러 외면하게 만드는 이유가 될 것이다.

수학은 또한 매력적인 학문임은 분명하다. 왜냐면 변함없이 사실만을 추구하기 때문이다. 수학의 답은 항상 정해져 있고, 그 답은 틀릴 수도 틀릴 이유도 없다. 또한 다른 어떤 이의도 제기할 수 없다. 시험을 보고 난 후 수학시험에 오류를 지적하는 친구들이 극히 드문 것은, 이 이유 때문일 것이다.

지금도 이 순간에도 수학 때문에 골머리를 썩이는 친구들이 있을 것이다. 수학은 분명히 골치 아픈 학문이고 포기하고 싶은 학문이다. 하지만 수학을 포기하지 말아야 하는 이유는, 우리가 이 세상을 살아가는 방법과도 닮았기 때문이다.

항상 진리를 추구하고, 옳은 것을 찾아내는 수학이야말로 가장 어렵지만 가장 극복해야하는 학문이 아닐까 생각해본다. 물론 아직도 나는 수학이 어렵다.

우정

그것은 동그랗게, 동그랗게 만들어져서 하늘 저 높이 올라가는 비눗방울 마냥 나에게 밥 안 먹어도 배부른 행복감을 주기도 하고, 네모나게, 네모나게 각이 져서 나에게 날이 선 새 책의 긁힌 것처럼 상처를 주기도 한다.

그건 또 입에 넣으면 사르르 녹아서 사라지는 솜사탕마냥 달콤해 먹으면서 함박웃음을 짓게 만들기도 하고, 또 짜고 매운 탄 음식 마냥 내 가슴을 태우기도 하다.

때론 불투명한 유리창처럼 안에 있는 것이 무엇이지? 진실 된 것인지? 아니면 그렇지 않은 것 인지? 물음표를 낳기도 하고, 또 금방 세차를 마친 차 앞 유리 마냥 너무 투명해 유리가 없는 것처럼 착각을 하게 만들기도 한다.

이건 무엇일까?

이건 바로 우정이다. 내 짧다면 짧은 19년 인생에서 우정을 논한다면, 분명 어른들은 코웃음을 치면서 '어린 것이 무엇을 안다.' 고' 하고 비웃을 지도 모르지만, 19살이든 91이든 우정을 나누는 마음은 같다고 생각한다.

나는 지금껏 살면서 만난 친구들이 앞으로의 나의 인생에서도 중요한 버팀목과 조언을 아끼지 않은 지지자가 되 줄 것이라는 것에 의심치 않는다. 살면서 어떤 목적과 경쟁의식 없이 순수한 마음으로 사귀는 친구들은 청소년기에 학교에서 사귄 친구들일 것이다.

부모님과 가족 다음으로 나에 대한 무조건적인 믿음과 신뢰를 보여주는 사람들은 아마 친구일 것이다. 하지만 때론 싸우기도 하고, 서로의 우정을 믿지 못하고 의심도 할 수 있고, 기분이 좋지 않을 때 비눗방울처럼 웃음을 주기도 할 것이고, 새 책에서 긁힌 것처럼 큰 상처를 주지 않지만, 두고두고 아려올 상처를 주기도 한다.

부모님보다 더 달콤한 소리를 해주면서, 나를 위로 해 줄 수도 있지만, 때론 그 위로가 거짓이거나 나의 길을 잘못된 방향으로 이끌기도 하고, 그 마음이 진실 된 것인지 보이지 않아서 불투명한 상자처럼 궁금해 열어 보고 싶기도 하고, 어쩔 때는 투명한 상자처럼 온 마음을 주어 보여주기도 한다.

우정은 이러하듯 어렵고 팔색조이다.

동그랗기도, 네모나기도, 달기도, 쓰기도, 불투명하기도, 투명하기도 하지만 가장 중요한 것은 '인생을 살면서 자신을 인정하고 믿어주는 친구 한 명만 있어도 그 사람의 인생은 성공한 것이다.' 라는 말처럼 살아가면서 우정은 정말 중요함에 틀림없다.

말실수

엄마는 내가 어렸을 적부터 못 말리는 수다쟁이였다고 말해줬다. 엄마 뒤를 졸졸 따라 다니면서 하루 종일 쫑알쫑알 되는 내가 여간 귀찮은 것이 아니었다고 한다. 그러다 엄마가 화장실이라도 갈라치면 끝까지 따라가서 비좁은 문 틈새로 입을 바짝 대고 미주알고주알 유치원에서 있었던 일부터 세상의 궁금한 모든 것을 물어보고는 "엄마 내말 듣고 있어?"를 외치는 미워할래야 미워할 수없는 귀여운 수다쟁이였다고 한다.

지금도 별반 다르진 않는다. 나는 여전히 수다쟁이였고, 교실 내 주변에는 항상 친구들이 북적됐다. 어디서나 나는 선생님의 블랙리스트에 오르는 요주의 인물이었다.

한 번은 한 학년의 마무리가 될 무렵이었다. 선생님들이 계신 교무실에 들어갔다가 망신을 당한 일이 있었다. 심부름을 하러 들어간 교무실은 내가 공부하는 1학년 5반의 맞은편에 있는1학년 교무실이었다. 그 곳의 계신 선생님은 대부분 나의 교과 선생님이었고, 아니더라도 1년 동안 얼굴을 익혀 너무나도 잘 아는 선생님들이었다.

"너구나 5반의 수다쟁이."

내가 들어가자 수업을 잘 가르친다고 소문났지만 직설적 화법으로 더욱 유명한 국어선생님이 나에게 하신 말씀이었다.

"선생님 제가 무슨 수다쟁이에요."

선생님의 말에 나도 모르게 바로 대답했지만 이내 후회했다. 교무실에 계신 선생님 모두 한 마디씩 하며 나를 당황스럽게 만들었다.

"선생님들이 매일 점심시간마다 네 목소리를 다 들었는데, 이제 와서 모르는 척 하니?"

선생님들께선 웃으면서 말씀하셨지만 나는 교무실을 빠져나오면서 너무 부끄러웠다. 생각해보니 우리 반의 뒷문과 교무실의 문은 두 발자국이면 가고도 남을 거리였고, 말 그대로 엎어지면 코 닿을 거리였다. 그동안 나의 큰 목소리에서 빠져 나가는 시덥지 않은 이야기들을 선생님들께서 모두 들었다고 생각하니 갑자기 얇디얇은 방음이 전혀 될 것 같지 않은 교실 문이 너무 원망스러워 졌다.

그 동안 나는 어쩌면 여고생답지 않은 농담과 우스꽝스러운 선생님

흉내를 내면서 웃었을지도 모른다. 부끄러움에 교실에 돌아와서도 잠시 말을 잊고 그 동안의 나의 말들을 하나씩 기억해 내려고 노력했다. 우스운 농담이 다 기억날 리는 만무했고, 머리만 어지러운 형국이었다.

하지만 생각해보니 하루에도 몇 번씩 교무실을 들락거리는 나에게 선생누구 한분도 나에게 점심시간의 일을 혼내거나 꾸짖지 않았다. 어쩌면 선생님들은 어린 제자에게 침묵을 몸소 가르쳐 준 것이 아닐까?

그후 나는 조금 어엿해 졌고, 나의 수다스런 입은 성숙해진 나이만큼 조심스러워졌다. 한 학년씩 올라가면서 나는 더 많은 계단을 올라가야만 교실에 도착할 수 있었다. 조금 더 많은 계단의 수는 우리의 한 살을 상징해 주었다.

2학년으로 올라가면서 성숙해진 만큼 더욱 입조심을 해야겠다고 생각했다. 어쩌면 그러지 못했을지도 모른다. 그날은 체육대회가 열려 반 아이들 모두와 단합을 하여 대승을 거두고 신이 나던 날이었다. 나는 유독 기분이 좋았고 들뜬 마음은 좀처럼 가라앉지 않았다.

컴퓨터수업시간이 시작하기 10분전은 반 아이들과 다 같이 인터넷서핑을 하면서 수다를 떠는 시간이다. 누구하나가 깜짝 놀랄 이슈를 발견하면 큰 목소리로 말해주고, 우리는 거기에 대해 열과 성을 다해 자신의 의견을 말하곤 했다.

사건의 발단은 매주 똑같이 했던 컴퓨터 시간의 수다에서 시작됐다. 그때 당시, 연예인 마약 논란이 한참 대두되고 있었다. 모 연예인이 마약을 한 것도 모자라 직접 밀수입까지 해서 연예계는 때 아닌 마약조사가 성행하고 있었다. 그 중 힙합가수인 k가 마약을 했다는 기사를 보고 나는 평소와 같이 반 아이들 모두에게 내가 본 뉴스를 더욱 과장

해 알렸다.

“어머나 k도 마약했데 이럴 줄 알았어, 마약하게 생겼잖아.”

곧이어 친구들의 당황스런 웃음과 억지웃음은 나를 당혹케 했다.

“하하하 다솜아, 너 왜 그래? 여기 k팬이 얼마나 많은데.”

친구들의 웃음과 말이 나는 이해가 안 되었다. 그때 당시 k는 국내 활동도 별로 하지 않았고, 인기 있는 힙합가수도 아니었기에 의아했다.

“왜 그래? 무슨 k팬이야?”

그러나 나는 곧 몇몇 친구들의 눈치를 받고 나는 입을 다물었다. 자기가 좋아 하는 사람이라면 그 사람의 허물까지도 덮어주려는 열성팬들이 주변에 있다는 사실을 느낀 하루였다.

중학교 졸업식

중학교 졸업식 날, 나는 같이 졸업한 수많은 친구들 사이에서도 단연 눈에 띄었다.

그 이유는 그 많은 졸업생과 학부모 사이에 홀로 울었기 때문이다. 지금에 와 생각해보면 얼굴이 붉어지고 화끈거리지만, 그때는 집에 와서도 그리고 졸업을 하고 며칠을 눈물바람으로 보냈는지 모르겠다.

세상 끝날 것 같이 울었던 그날을 상기시켜보면 지금은 웃음이 먼저 나지만 당시엔 매우 서러웠던 것 같다.

물론 나의 중학교 생활은 즐거웠다.

하지만 생각해보면 친구들과 선생님 그리고 모든 추억을 뒤로하고 새로운 시작을 해야 한다는 것이 두려워 더 슬퍼졌는지 모른다. 아쉬움과 서운함이 가득했던 중학교 졸업식을 뒤로하고 깨달은 것이 있다면 졸업이 있으면 새로운 시작이 있다는 것이다.

중학교 졸업 후에도 나는 고등학교 생활에 매우 적응을 잘했다. 그리고 이제 곧 나는 또 한 번의 졸업을 앞두고 있다. 하지만 이번엔 울지 않겠다고 다짐했다.

졸업은 슬픈 일이 아니라는 것을 이제 깨달았으니 말이다.

빨간 오뎅집

귀가 떨어져 나갈 만큼 매서운 바람이 불고, 나도 모르게 발걸음이 급해지는 겨울날이 되면 괜시리 추위가 밉고, 바람이 밉고, 겨울이 밉다. 나도 코트를 여미고 종종걸음을 치고, 지나가는 아저씨도 목도리 안에 머리를 푹 넣고 집으로 향하는 발걸음을 재촉하면, 저 멀리서 겨울밤 홀로 밝게 빛나는 자그마한 오뎅 집이 보인다. 화려한 간판도 없고, 나를 반갑게 맞아줄 안락한 의자도 문도 없다.

하지만 호통을 치는 것 같은 바람에 작은 오뎅 집은 너무나 따뜻한 안식처로 보인다. 오뎅 집을 보는 순간 나도 모르게 쉽지 않은 고민을 하게 된다. 오뎅 집을 지나기 50m전, '어떡할까?' 30m전, '빨리 집 가야 되는데' 10m전, '용돈도 없는데' 1m전, '에라 모르겠다.' 나의 발은 어느새 오뎅 집으로 들어간다.

겨울날 오뎅 집은 나에게 너무 큰 유혹이다. 오뎅 집에 들어가면 오뎅과 짝꿍인 호떡이 보인다. 오뎅과 호떡은 겨울날 고구마와 김치보다 더 잘 어울리는 한 쌍이다. 오뎅 국물과 오뎅이 담겨 있는 통은 좁디좁은 6개의 방. 그곳엔 넓적한 오뎅도, 길다란 오뎅도 동거동락을 한다.

오뎅들은 오뎅 국물에서 뜨끈한 온천욕을 즐기는 것처럼 보인다. 그곳엔 뿔이 난 손님처럼 앉아있는 커다란 무 한 개가 떡하니 자리를 차지하고 있다. 커다란 무가 동동 떠 있는 오뎅 국물은 엄마가 일주일 내내 끓인 사골국물처럼 진하다. 오뎅 통에 담겨져 있는 건 저 뿔난 무한 덩이 뿐인데, 어디서 이리 진한 국물 맛을 내는지 참 궁금하다.

오뎅 집 아주머니에게 물어보니. 이건 일급비밀이라며 재미나게 맞받아친다. 아주머니가 페트병으로 만든 종이컵 받침대에도 나는 웃음이 난다. 내가 초등학교 2학년 여름 방학숙제로 만든 페트병 화분이랑 꼭 닮아있기 때문이다.

페트병은 재활용품을 만들기 싫기 때문에 우리 친구들 사이에선 방학숙제용 효자 상품이었다. 삐뚤삐뚤한 솜씨로 열심히 가위질을 했던 페트병을 작고 따듯한 오뎅 집에서 다시 보니 반갑기만 하다. 오뎅 국물을 떠서 호호 불어가며 입으로 넘기면 온 몸이 뜨듯해 진다. 넓적한 오뎅 하나 들고 간장 통에 들어있는 붓을 꺼내든다 간장 붓을 오뎅에 가볍게 칠한 후 오뎅을 크게 한입 베어 물면 추위도 배고픔도 순식간에 사라진다.

오뎅집 아주머니는 그때부터 나에게 재미난 입담을 과시한다. 빨간 니트에 빨간 앞치마, 빨간 안경을 끼신 아주머니는 머리도 붉게 염색을 하신 것 같다. 빨간색 오뎅 마차, 빨간 오뎅 집 아주머니. 아주머니의 호방한 성격과 털털한 웃음소리에 오뎅 집이 더 따뜻해진다.

이번엔 고소한 냄새가 솔솔 올라오는 호떡이 나를 유혹한다. 녹차가루가 들어간 밀가루와 꿀이 만나 기름에 퐁당 빠져서 이리 지지고 저리 지지며 기름 판에서 트위스트를 하더니 어느새 노릇노릇한 호떡이 되었다. 달콤한 호떡 냄새에 나는 “아주머니 호떡 한 개 주세요.” 라고 외치며 호떡을 입에 문다.

호떡을 만드는 모습은 신기하다 빠른 손놀림으로 밀가루 반죽을 하여 반죽 안에 앙꼬를 넣는 아주머니의 손길은 생활의 달인에 나오는 여느 생활의 기술자에 버금간다. 그리고 이때 뜨거운 기름 판에 들어가는 호떡 반죽은 지링개로 꾹 눌러 동글동글했던 반죽의 모습을 잃고 먹음직스런 호떡의 모습에 어느 정도 비슷해졌다.

이리, 저리 뒤집히는 호떡의 트위스트를 보면서 나의 입은 다시 침을 꼴깍 삼킨다. 고소한 호떡냄새를 눈으로 먹으면서 호떡을 입에 물면, 그 순간 세상 부러울 것 없는 사람이 된다.

밖에서 바람 부는 소리가 쌩하니 들리지만, 오뎅 집 안은 따스하기만 하다. 호떡을 다 먹고, 오뎅 국물을 다시 들어 후르륵 후르륵 마시면 어느새 배가 든든해지지만 이 추위에 집에 갈 생각을 하니 한숨이 절로 나온다.

아주머니는 돈 통에 돈을 넣지만, 돈 통에 들어간 돈은 아주머니의 인생을 대변하듯 천 원짜리, 오천 원짜리, 만 원짜리, 백 원짜리, 오십 원짜리 할 것 없이 서민의 참다운 삶을 보여주는 것 같은 생각이 들었다.

하교길에 나를 반갑게 맞아주는 오뎅 집은 나에게 따스함을 주는 안식처다.

“아줌마, 내일 또 올께요.”

●

나 어렸을 적엔...

“내가 군대에서 말이야.”

여자들이 가장 싫어하는 이야기 1순위가 군대 이야기라고 한다. 아직 내 나이가 나이인 만큼 군대 갔다 온 친구나 주변사람이 많이 없어서 나는 군대이야기에 치가 떨린다거나 하진 않는다. 아직은 군대 이야기를 가끔 해주는 아빠나 삼촌 그리고 학원선생님의 말에 눈망울이 초롱초롱해져서 귀를 쫑긋하고 듣는다.

아빠의 군대 이야기도, 삼촌의 군대 이야기도, 학원선생님의 군대이야기도 모두 영화 시나리오 뺨치게 흥미진진하고, 심지어 해리슨 포드 주연의 인디아나 존스처럼 손에 땀을 쥐게 하기도 한다.

학원 아이들의 눈이 풀리고, 집중력이 흐트러졌을 때, 선생님이 해준 공군 시절 이야기는 졸음으로 반쯤 감기던 나의 눈을 '번쩍' 뜨게 만든 이야기였다. 선생님은 공군시절에 몇 천 미터 상공에서 열기구를 타고 올라가 낙하산을 펼치며 내려오는 훈련을 받았다고 한다. 그러다 훈련 중 미숙한 후임이 실수로 낙하산을 펼치지 못해서 그 자리에서 즉사를 했다고 한다. 사람 시체를 코앞에서 본 선생님의 묘사는 실감이 났고, 나를 비롯한 학원 여자아이들은 울 것 같은 눈으로 비명을 지르며 들었다.

사실이었는지 약간의 허풍이 담긴 이야기였는지 잘 모르지만, 아무튼 그날 선생님의 군대 이야기는 대 성공이었다. 후일담이지만 아빠에게 학원선생님의 이야기를 들려주자마자 호탕한 웃음을 지으며 "에이 거짓말이지"라고 말씀하셨다. 무엇이 진실인지 아직도 알 수 없지만, 한 가지 확실한건 군대 이야기를 하는 세상 모든 남자들은 모두 액션영화의 주인공이 되어 흥미진진한 이야기를 풀어 놓는다. 그 이야기가 다소 허풍스럽고, 억지스럽기는 하지만 모두 자신이 청춘의 열기로 가장 뜨겁던 시절에 2년간의 추억은 아마 죽을 때까지도 말할 수도 있는 이야깃거리 일 것이다.

군대 이야기처럼 어른들이 자주 꺼내는 이야기는 "나 어렸을 땐 말이지."로 시작되는 옛 이야기이다. 아빠, 혹은 할머니 할아버지가 말하는 '나 어렸을 때' 는 아빠가 코를 흘리던 5살 때이기도 하고, 축구화를 사달라고 조르며 학교를 가지 않았던 초등학교 시절이기도 하다.

할아버지가 눈을 지그시 감으며 옛이야기를 시작하면, 어느새 나는 6 · 25전쟁이 한참 발발하여 인민군, 국군, 미군 할 것 없이 정신없이 싸우던 서울 한 복판에 서있기도 하고, 5공 시대에 전두환 전 대통령을 만나기도 한다.

그러한 어렸을 적 이야기를 하는 사람들의 눈에는 어느새 추억에 잠겨 눈물이 고이기도 하고, 동심에 젖어들기도 하며, 때론 아련함이 담기기도 한다.

"나 어렸을 적엔 말이지."라는 말은 누구에게나 옛 추억에 잠길 수 있는 기회를 준다.

언젠가 TV를 보다가 조용히 말씀하시던 아빠의 어렸을 적 이야기는, 내가 초등학교 때 대 인기리의 방영되던 검정고무신의 이야기들과 많이 닮아있었다. 시골아이였던 아빠는 7형제들과 부모님까지 11명이 한 방에서 잠을 자고 공부를 하던 시절이 너무 싫었다고 한다. 아빠는 하루 빨리 어른이 되고 싶었고, 어른이 되면 시골집을 나와 빨리 돈을 벌고 싶었다고 한다. 아빠의 이야기 속 어린 시골아이는 장남으로서 할머니의 사랑을 듬뿍 받았지만 그 당시 거금이었던 축구화를 사주지 않으면 학교를 가지 않겠다고 철없이 조르던 고집 센 아이기도 했다.

항상 나에게 그저 '아빠' 라고만 인식되었던 아빠의 어린 시절이야기는 새삼 '아빠에게도 그런 시절이 있었구나.' 라고 생각할 수 있는 계기였고, 한편으론 가난한 시절의 아빠가 생각나 마음이 찡하기도 하였다.

같은 동네 사는 내 친구는 자기 얘기를 잘 안한다. 특히 자신의 가족이야기는 절대 안한다. 이혼을 한 부모님 때문에 아빠와 동생하고만 살기 때문에 친구들 역시 그 친구 앞에서 가족이야기는 잘 하지 않는다. 그러던 친구가 하루는 나에게 마음을 열며 해준 이야기가 있었다.

그믐달이 살며시 떠 있던 밤에, 산책을 하러 잠시 나온 친구와 내가 마음 속 이야기를 하나씩 꺼내던 날이었다.

친구는 "내가 어렸을 때 말이야."라고 이야기를 시작했다. 엄마와 아빠가 서로의 일에만 관심을 가지고 가정을 챙기지 않았을 적 이야기, 아이를 맡기는 집에 하루 종일 맡겨놓고 밤에만 자신을 찾으러 왔다는 이야기, 엄마와 아빠가 결국 헤어지게 된 이야기, 아빠가 자신의 손재주를 보면서 "손재주 좋은 건 네 엄마랑 꼭 닮았네." 라고 했던 이야기. 나는 친구의 이야기를 들으면서 마음 한 켠이 애잔했다.

어렸을 적 이야기를 들은 후로 나와 친구는 보이지 않는 거리감이 사라졌다. 아마 그날 나에게 들려준 이야기를 그 친구 또한 누군가에게 말해주고 싶었던 이야기가 아니었을까?

나 또한 생각만 해도 웃음꽃이 피는 어렸을 적 이야기가 있다. "나 어렸을 적엔 말이죠."로 시작되는 이야기는 지금의 나와 별반 다르지 않는 유치원시절의 내 이야기다. 나는 항상 호기심이 넘쳤고, 상상의 나래도 풍부한 아이였다. 한번은 내 인형들, 동화책들, 필기구 등 내 방에 있는 모든 사물들이 내가 잠을 자면 깨어나 마음대로 움직이고, 나의 흉도 보면서 밤새도록 놀 것이라는 상상에 빠졌다. 그래서 침대에 누운 척하면서 "아 이제 자야지."하고 눈을 감다가도 다시 번쩍 눈을 떠서 '인형들이 말하고 있나?, 동화책들이 나도 모르는 사이에 책속에서 빠져나와 놀고 있지는 않을까?' 하고 의심을 하며 몇 번이고 자는 척을 한 적이 있었다. 그러다가 피곤해서 결국 잠을 자버렸지만, 그때는 '혹시 나를 속이고 놀지 않을까?' 라는 의심 때문에 몇 날 며칠을 밤에 잠복수사 아닌 잠복수사를 한 것 같다. 지금에 와 생각해보면 나도 모르게 슬그머니 입 꼬리가 올라가는 추억거리지만 어렸을 적 나는 꽤

나 진지하게 이 문제를 고민했던 것 같다.

어렸을 적 이야기를 하면서 추억에 젖어들지 않는 사람 있을까? 나는 사람들의 어렸을 적 이야기가 참 좋다. 그 안에는 가난한 집에서 빨리 벗어나고 싶었던 시골아이의 이야기도 있고, 엄마에 대한 그리움이 담긴 소녀의 이야기 있다. 그리고 지금은 상상도 할 수 없을 정도로 순수했던 동심의 세계도 있다.

누구나 존재하는 어렸을 적 이야기를 이 글을 읽는 누군가도 책장을 넘기기 전 “내 어렸을 적엔~”하고 추억에 잠시 젖어 보는 것이 어떨까?

그리고 아무나 좋으니까 팔을 꼭 잡고 이야기를 해보자. 아니면 혼잣말도 좋으니 말해보자.

‘나 어렸을 적엔 말이지…….’

세계화된 우리 사회

내일은 크리스마스이브 날이다.

크리스마스가 다가오면 사람들은 들뜨고 행복해한다. 거리에는 여느 해와 마찬가지로 자선남비가 사람들의 행복한 마음을 불편하게 하고, TV에선 사랑과 봉사가 넘치는 다큐멘터리가 소외되고 불쌍한 이웃들을, 오늘만큼은 생각해보라는 취지에서 방영된다.

올해에도 한 편의 다큐멘터리 '이태석 신부 세상을 울리다' 가 방영되었다. TV를 시청하던 어머니는 우리가 이 의미 있는 다큐멘터리를 보았음 했고, 자고 있는 나와 동생을 깨워 나란히 보게 하였다. 잠에 취해있던 나는 억지로 보기 시작한 다큐멘터리에 짜증과 불편함만 가득했다.

다큐멘터리를 싫어하진 않지만, 봉사를 강요하는 듯한 내용은 싫고 거기다가 종교적인 색채까지 가미된 내용은 더 더욱 싫었다. 하지만 10분이 가고 20분이 지나면서 이 다큐멘터리에서 종교는 크게 중요하지 않다는 것을 깨달았다. 이태석 신부님을 통해 항상 '나 자신' 만 생각하는 나를 꾸짖는 듯 했다.

이태석 신부님은 부산태생으로 광주 가톨릭 의대를 졸업한 후, 한국 사제로는 처음으로 아프리카 선교를 지원해 최빈국 수단의 오지마을 톰즈로 떠났으며, 아픈 환자를 돌보고 소년병들에게 총 대신 악기를 쥐어주는 등 사랑을 몸소 실천한 분이다.

이태석 신부님은 '톰즈의 한센 병을 앓는 한센인들은 작은 것에도 감사할 줄 안다.' 며 그들을 통해 하나님을 다시금 보셨다고 한다. 작은 것에도 감사함을 느끼는 아프리카 수단의 오지 마을 톰즈의 한센인들과 황인종, 백인종, 흑인종이라는 피부색의 편견이 전혀 존재하지 않는 이태석 신부님이야 말로 범세계적 사랑을 실천하는 분이라고 생각했다.

나는 다큐멘터리를 보는 내내 흐르는 눈물을 닦으며 '나의 지난 18년의 삶이 너무 이기적이지 않았을까?' 라는 생각에 빠졌다. 그리고 나 스스로에게 '내가 살고 있는 이 지구촌에서

나는 어떤 나눔을 실천하고 있는가?' 라고 자문해보았다.

고등학교 2학년 한 해 동안 세계지리라는 과목을 배우면서, 나는 전반적인 생활필수품들까지 우리나라로부터 먼 곳에서 수입되거나 혹은 원료를 가져와 만들어진다는 것을 배웠다. 저 멀리 지구 반대편에서 생산되는 아르헨티나의 농산물을 한국에서도 먹을 수 있다는 것이다.

우리엄마가 직장에 나가기 전 아침에 방영하는 방송을 보면서 한 잔

의 여유를 만끽하는 커피는, 세계에서 가장 활발하게 수출입이 이루어지는 제품이며, 가히 검은 황금이라고 불리어 질만하다. 커피는 저 멀리 지구 반대편을 거쳐 엄마가 즐겨 마시는 커피 잔에 도달할 수 있게 되고, 내가 학교에서나 독서실에서 기운이 없거나 졸릴 때 한 조각씩 톡톡 떼어 야금야금 먹는 간식거리 초콜릿은, 카카오를 가장 많이 생산하는 지역인 아프리카 기니만 연안에서 우리나라로 수입돼 나의 입 속까지 오게 된다는 것이다.

이미 우리 사회가 빠르게 세계화가 진행되고 있음을 나는 커피를 사면서 느끼고, 초콜릿을 먹으면서 느끼곤 한다. 별 생각 없이 패밀리 마트에서 초콜릿을 사는 나에게 어느 날 12세 소년 에브라임이 묻는다.
"초콜릿이 달콤한가요?"

서아프리카 카카오 농장에는 만 18세 미만의 아동들이 대부분 일을 하고 있으며, 코트디부아르에 있는 카카오 농장에는 9살에서 12살 사이의 약 31만 명의 아동들이 하루 12시간 동안 노예처럼 노동력을 착취당하고 있다고 한다. 이 중에는 말리, 부르카나파소 ,토고와 같은 가난한 이웃나라에서 인신매매로 팔려온 아이들도 수 만 명에 이른다고 한다. 12세 소년 에브라임은 코드디부아르에 있는 카카오 농장에서 6년째 일을 하고 있지만, 초콜릿을 맛조차 본 적이 없다고 한다. 12세 소년 에브라임이 '우리에게 진정 초콜릿이 달콤한가?' 묻는다.

에브라임의 이 이야기는 작년 발렌타인 데이를 앞두고 많은 양의 초콜릿을 구매한 내가, 주간지 한겨레21에서 읽은 내용이었다. 그땐 약간 따끔하기만 했던 나의 양심이 오늘은 바늘로 나를 콕콕 찌르는 것만 같다.

나는 매년 장애인들이 직접 만드는 크리스마스카드를 사고, 지하철의 구세군이 있으면 되도록 작은 돈이라도 마음을 전하려고 한다. 하지만 카카오 농장에서 일어나고 있는, 비 인권적인 노동에 대해서 마음을 아파한다든가, 굿네이버스에서 하는 활동이 무엇인지에 대해서 알아보는 지구촌 문제에는 지금껏 무관심 했던 것 같다.

세계화가 진행되면서 우리 지구가 한 마을처럼 지구촌이 되어가고 있다는 것은 나도 알고, 내 두 살 어린 동생도 알고, 옆집 할머니조차 알고 있다. 하지만 지구촌에 관한 관심과 나눔은 18세기에 세계열강들이 아무렇지 않게 아프리카의 노예를 사고팔고, 검은 대륙을 무참히 짓밟던 시대에 멈추어있는 것만 같다.

18세기의 아프리카는 무력으로 약한 지역을 식민지화하였던 제국주의로 인해 갈기갈기 찢어지고, 수만 명의 노예들이 거래 되었는데, 아프리카 기니 만 연안에 있는 해안의 명칭이 '노예해안' 인 것을 보면 그 당시에 흑인 노예상거래가 얼마나 무차별적이었는지 조금은 상상해 볼 수 있다.

지금은 민주주의가 확립되고, 몽고메리의 흑인 인권운동*이 미국에서 시작 된지도 어언 60년이 되어가고 있다. 우리나라에선 얼마 전 세계 주요 국가정상들이 모여 세계 여러 문제를 같이 고민해 보았던 G20이 서울 삼성동 코엑스에서 열렸다. 한 쪽에선 여전히 18세기에 이루어졌던 비 인권적인 노동이 계속되고, 한 쪽에선 세계인의 인권을 위해 모인다는 것이 조금은 모순되어 보이기까지 한다.

우리 삶 깊숙이 스며 든 세계화로 인해 나는 영어캠프에서 만난 필리핀 마닐라의 사는 조셉이라는 친구가 있고, 우리 반의 한 친구는 독일로 유학 간 중학교 친구의 룸메이트 독일인과 카카오톡*으로 채팅을 한다. 내 주변만 해도 우리 지구가 얼마나 가까워졌는지 알 수 있지만 정작 내가 우리 지구촌을 위해 관심을 쏟거나, 나눔의 손길을 내밀었던 일은 아직 없는 것 같다. 앞으로 내가 살아가면서 세계는 더욱 더 가까워 질 것이다.

그렇다면 내가 할 수 있는 일은 아무 것도 없는 것일까? 꼭 그렇지만은 않다. 앞으로 내가 할 수 있는 작은 실천은, 보다 많은 사람들에게 우선 나의 가족, 나의 친구들 그리고 더 나아가 지구촌 사회에 무지한 사람들까지 그들에게 세계화된 사회에 자세히 알려주고, 또한 내가 이번 기회에 알게 된 공정 무역에 대해서도 더 더욱 관심을 갖고 싶다.

공정무역은 한 쪽이 불공평한 거래가 이루어지지 않는 투명한 거래가 이루어진다고 한다. 내가 일반 초콜릿을 사면, 카카오를 따는 에브라임은 한 개의 초콜릿 당(1.000원 기준) 겨우 20원의 수익을 얻는 데에 비해, 공정무역으로 거래된 초콜릿을 사게 되면 에브라임은 초콜릿 1kg당 291~425원 정도를 더 받는다고 한다. 내 조금의 노력이 아프리카에 사는 어린이들에게 희망을 줄 지 모른다.

아직 내가 이태석 신부님처럼 아프리카로 봉사활동을 떠난다든가, 세계인의 인권을 위해 앞장서기에는 내 능력이 부족하지만 지구촌 사회를 알리고, 공정무역으로 거래 된 제품을 알리는 일에는 누구보다 앞장서고 싶다.

다큐멘터리가 끝나갈 때쯤 수단 톰즈의 한 한센인이 이태석 신부님의 사진에 입술을 맞추며 '자다가 눈을 뜨면 너무 보고 싶다' 고 눈물을 흘렸다. 같은 민족, 같은 문화, 같은 종교도 아닌 사랑과 믿음으로 이어진 마을 사람들과 신부님을 보면서 많은 것을 느끼며, 이번 다큐멘터리로 세계화된 우리 사회에 대해 더 깊은 고민을 해 볼 수 있었던 것 같다.

끝으로 같은 한국인이라는 것이 자랑스러운 이태석 신부님처럼 나도 우리 지구촌 사회에 베풀 수 있는 작은 실천들부터 꼭 실행하도록 노력하고 싶다.

〈 월간 국보문학 신인문학상 수필부문 수상작품 〉

세계화 된 우리사회
수필부문 신인문학상 심사평

이태석 신부가 준 감동

아직 고등학생인 윤다솜 양의 응모 수필을 반신반의 하면서도 결국 단숨에 읽었다. '반신반의' 라 한 것은 고교생인 때문이었고, '단숨에' 라고 한 것은 고교생의 글치고는 상당히 조숙한 느낌이 들면서 그 주제 또한 아주 건전한 내용이라 선자에게 호감을 주었기 때문이다.

윤양이 쓴 수필의 핵심은 크리스마스 이브 전날 밤, 어머니가 권해서 우연히 보게 된 '이태석 신부 세상을 울리다.' 란 다큐멘터리를 통하여 새삼스레 이태석 신부의 위대한 봉사와 사랑의 정신에 감동한 이야기가 주조를 이룬다.

이미 매스컴을 통하여 주지하는 바와 같이 이태석 신부는 신부이면서 의사이고 사회 봉사자다. 그는 아프리카 최빈국인 수단의 오지 마을을 찾아가서 사제이면서도 선생님으로, 의사이면서도 음악 애호가로 보람 있는 삶을 살았다.

다시 말하면 그는 8년간이나 많은 환자들을 돌보며 수학을 가르치고 소년병들에게는 총 대신 악기를 주어 음악을 통한 사랑을 몸소 실천한 한국의 슈바이처다. 그러나 그는 말기 대장암 환자로 지난 2010년 1월에 고작 48세의 젊은 나이로 세상을 떠난 너무 아까운 전도사다.

윤양은 이 거룩한 신부의 다큐멘터리를 통하여 그가 한국도 아닌 먼 아프리카까지 가서 희생 봉사한 정신을 바탕으로 '지구촌' 이라는 개념을 생각해 냈고 우리는 앞으로 우리나라만의 문제에 국한하지 말고 세계 어느 나라든, 말하자면 지구촌 구석구석의 모든 문제를 남의 일로 생각하지 않는 범인류적인 의식구조가 필요함을 절감한 듯하다. 그것이 곧 세계화요 범인류적인 관심의 발상이다.

이런 생각에 근거해서 가령, 우리가 무심히 먹는 커피나 초콜릿도 지구촌 어딘가에서 많은 사람들의 노동과 가공을 통하여 우리 한국인의 식탁에 까지 오게 되지만 과연 우리가 그걸 먹으면서 그 생산 과정에서 일하는 현지 근로자들이 제대로 임금을 받는지, 공정한 인간의 처우를 받는지 의문이라는 것이다,

따라서 '공정무역 보장' 이라는 제도가 제대로 확립이 되어야 많은 근로자들이 임금 등 신분 보장에 있어서 억울함이 없다는 것이다.

결국 필자는 이태석 신부와 같은 이의 희생정신을 본받아 자신도 어떤 봉사활동을 실천하든가, 세계 인권을 위해 앞장서는 '공정무역 보장' 으로 거래된 제품의 진가를 알리는 일에 앞장 석고 싶다는 의지를 보이고 있다.

문학 작품으로서는 다소 문장의 간결미가 부족하지만, 아직 나이 어린 여학생 입장에서 이 신부에게서 받은 감동과 교훈을 예사로 넘기지 않고 그 분의 위대한 삶을 거울로 삼아 자신도 폭 넓은 봉사와 사랑을 실천하겠다는 의지를 높이 평가하면서 이 글을 당선작으로 추천하고자 하며, 앞으로 더 폭넓은 독서와 인생 수련으로 보람된 미래를 꾸며 나가기를 기대한다.

심사위원장 김용철

운수좋은 날

사람들에게 운수좋은 날을 물어보면, 대부분 금전적인 이익을 봤던 경험을 말할 것이다. 없던 돈이 생기면 기분이 좋은 건 나이에 상관없이 남녀노소 누구나 마찬가지니까.

오늘 나에게도 운수(이미 정하여져 있어 인간의 힘으로는 어쩔 수 없는 천운(天運)과 기수(氣數))가 찾아왔다. 책장을 정리하다 오랫동안 안 본 책을 우연히 펼쳤는데, 거기서 돈 삼 만원이 나온 것이다. 돈이 갑자기 하늘에서 뚝 떨어진 것은 아닐 테고, 아니면 저절로 책 속으로 굴러들어간 것도 아닐 텐데. 오랜 고민 끝에 '분명 내가 기억하지 못하지만 언젠가 비상금으로 챙겨둔 돈일 것이다.' 라는 결론을 내렸다. 그도 그럴 것이 내 책장에 있는 책들은 나만 보는 것들뿐이고, 돈 액수도 비상금으로 적절했다. 아마 책을 보다가 잠깐 넣어둔 돈을 다른 볼일을 보다가 금세 까먹고 지금까지 못 찾아냈다는 게 가장 현실적인 시나리오였다. 그러니까 이 돈은 처음부터 내 돈임이 틀림없었다.

하지만 아무리 생각해도 언제, 왜 넣어 둔 돈인지 정황을 모르니 생판 남의 돈 같은 것도 사실이었다. 아무리 요리 생각해도, 저리 생각해봐도 확실히 내 돈인데 기억이 안나니 공돈이 생긴 것 같아 기분이 좋았다. 생각지도 못하게 돈을 얻었을 때의 기쁨은, 사실 살아가면서 몇 안 되게 느껴볼 수 있는 거다.

가끔 오래된 겨울옷을 입었을 때 주머니에서 느껴지는 불룩함에 손을 넣어봤더니 '몇 천 원짜리 지폐와 동전 몇 개가 들어있더라' 라는 경험과, 잊고 있었던 돈을 친구가 늦게 줘서 미안하다며 건넨 일은 나 역시 몇 번 있었는데, 오늘같이 책 속에서 돈을 발견한 건 처음이었다. 또 돈의 출처를 조금도 기억해 내지 못하는 것도 몇 안 되는 일이었다.

이날의 기쁨이 어찌나 컸던지 다시 한 번 느껴보자고 잘 읽지 않는 책 속에 돈을 숨겨 놓았다. 하지만 며칠 후에 급하게 돈이 필요했을 때, 가장 먼저 떠오른 것은 숨겨둔 돈이었다. 나는 또 한 번의 재미를 느껴볼 작정으로 넣어둔 돈을 망설임 없이 꺼냈다. 내가 가지고 있는 책 중에 가장 지루하고, 두꺼운 책을 골라서 넣었는데 소용없게 된 것이다. 역시 일부로 넣어둔 돈을 잊고 있다가 우연히 발견하게 돼서 오늘 같이 큰 기쁨을 누리는 건 어려운 일이었다.

돈 삼 만원의 기쁨을 맛 본 오늘은, 나에게 운수좋은 날이다. 그리고 기분 좋은 잠자리를 들면서 나의 오랜 친구들이 생각났다. 18살, 길지 않은 학생시절로 치면 많은 나이였다.

곧 졸업을 앞두고 있는 시점이기도 하다. 가끔씩 어른들의 얘기를 들어보면 '학생시절 친구가 평생을 가는 친구' 라는 소리를 종종 한다. 나이가 들어 대학교나 사회생활을 하면 친구 얻기가 힘든 게 사실이라고 한다. 또 지금처럼 다양한 친구를 만들지도 못하니까 학생시절에 많은 친구를 사귀라는 조언도 들었다.

조금 더 어렸을 땐 무슨 말인지 이해가 안됐지만, 지금은 알 것 같다. 아마 학생시절처럼 마음을 터놓고 순수하게 친구를 사귈 수 있는 기회가 점점 없다는 뜻일 게다. 잠이 들기 전, 친구들의 얼굴을 하나씩 떠올리며 운수 좋다는 건 오늘 머릿속에 지나간 친구들을 사귈 수 있었던 기회를 말하는 게 아닐까?

돈 삼 만원은 원래부터 내 방 책장 어딘가에 계속 있었다. 그러나 내가 잊고 있었던 것 같다. 그리고 우연히 발견했을 때의 기쁨은 새로 얻은 것 같은 착각을 주기도 한다. 하지만 원래부터 그 자리에 있었던 것이다. 돈 삼 만원의 행운을 발견하면서 언제나 옆에 있었던 친구들의 의미까지 다시 생각해 볼 수 있었다. 내가 일부로 책 속에 넣어둔 돈을 다시 찾으며 기쁨을 맛 볼 수 없었던 것은 어쩌면 당연한 일이었다.

오늘은 책 속에서 돈 삼 만원을 발견한 운수 좋은 날이었다. 하지만 진정 나에게 운수좋은 날은 순수한 마음으로 친구들을 사귈 수 있는 지금 이 시절이 아닐까. 그 의미를 발견한 오늘은 나에게 운수대통의 날이 틀림없다.

사물놀이가 내 가슴을 울릴 때

중학교 축제를 하던 날, 사물놀이 동아리가 무대에 올라갔을 때 아마 무대를 조금 보다가 친구들과 다음 차례 얘기를 하면서 수다를 나눴었다. 다른 아이들도 나와 별반 다르지 않았다. 사물놀이 동아리는 축제의 본 막이 오르기 전 흥을 돋는 무대로 올라간 거라 분위기도 어수선했다. 거기다 끝날 듯 끝나지 않는 연주에 불만의 목소리를 내비치는 친구도 있었다. 그래서 연주가 끝났을 때, 가장 큰 호응을 받았다. 연주의 감동을 받은 박수가 아니라 드디어 끝났다는 기쁨의 박수소리였지만. 흔히들 사물놀이를 두고 오래 전부터 있어왔던 것으로 생각하기 쉬운데 사실은 그렇지 않다. 물론 내용은 과거에 다 있던 것이지만 사물놀이가 이런 형식으로 태어난 것은 1978년의 일이라고 한다. 사물놀이는 농민들이 하던 풍물에서 유래했는데, 풍물패의 긴 대열은 크게 '앞치배' 와 '뒤치배' 등 두 부분으로 나뉘어져 있다. 이때 '앞치배' 란 꽹과리, 소고, 장구, 북 등과 같은 악기를 연주하는 사람을 말하고, '뒤치배' 는 양반이나 각설이 등의 복장을 하고 춤을 추는 사람을 말한다.

사물놀이는 '앞치배' 에서 4개의 악기를 빼서 새롭게 구성한 음악이다. 4개의 악기란 다름 아닌 꽹과리(쇠), 장구, 북, 징을 말하는데 이들 4악기들은 실로 우리 서민들과 역사를 같이 했다고 해도 과언이 아니다. 오래 전부터 농경사회였던 우리 조상들에게 날씨는 매우 중요한 의미였다. 그래서 사물놀이의 꽹과리는 천둥을 상징하고 장구는 비를, 북은 구름을, 징은 바람을 상징한다는 해석 또한 있다.

사물놀이는 어떤 음악보다도 한민족이 갖고 있는 신명을 유감없이 발휘하는 음악이라고 한다. 하지만 요즘 젊은 세대들에게 외면 받는 것도 사실이다. 나도 축제 때 들어본 것을 제외하고는 시간을 내어 들어 본적이 없다. 숙제다 뭐다해도 1년에 한 번씩 클래식 연주회를 갔다 온 것과 비교하면, 우리 국악에 무관심하다는 생각을 안 할 수 없다. 하지만 내가 그렇게 생각하게 된 배경엔 이유가 있었다. 접할 수 있는 기회가 없을뿐더러 요즘 유행하는 노래에 익숙한 신세대 귀엔 사물놀이의 장단이 아무런 매력으로 다가오지 않기 때문이다. 사실 사물놀이를 들으면서 커다란 감흥을 느낀 적이 없었다.

그런 나의 생각을 바꿔 준 것은 '가족 사물놀이패' 인 '공새미가족' 을 만나면서였다. 공연을 직적보기 전에도 매스컴을 통해 그들을 알았었다. '공새미가족' 은 10개월 동안 6대륙을 두루 여행하면서 길거리

공연 등을 통해 사물놀이를 보여줌으로서 우리 문화를 널리 알리고 왔기 때문에 이미 유명인사가 된 가족이었다.

'공새미가족' 의 공연뿐만 아니라 강연도 들을 수 있었는데, 새로운 도전과 한국문화에 대한 자부심까지 느낄 수 있었다. 강연을 듣고 난 후엔 사물놀이 장단이 그저 그런 시시한 음악으로 들리지 않았다. 사물놀이가 강단에 울려 퍼졌을 때, 처음으로 가슴 깊은 곳에서부터 올라오는 뜨거움과 무아지경에 빠질 수 있었다. 지금까지 들었던 사물놀이에선 느낄 수 없었던 황홀경까지 느꼈다. 이건 지금도 말로 설명할 수 없는데 천천히 기운이 상승되다 어느 시점에서 정점으로 치닫는다는 느낌까지 받았다.

오랜 시간을 치면 힘들 법도 한데 연주를 하는 '공새미가족' 에겐 전혀 그런 기색을 느끼지 못했다. 더군다나 눈을 맞추어 가면서 연주하는 모습을 보곤 알 수없는 감동도 느꼈다. 그 감동은 연주가 끝난 뒤에도 멈추지 않았다. 연주가 끝나도 가슴은 끊임없이 울렸다. 사물놀이는 우리 민족 피 속에 흐르는 유전자의 음악적 표현이라는 말이 이해가 되었다. 강단에 있던 많은 사람들 또한 가슴이 울리는 것을 느꼈을 것이다. 박수가 끊이지 않았다. 중학교 때 들었던 박수와는 다른 의미였다. '공새미가족' 의 연주를 듣고 나는 사물놀이에 대한 생각이 많이 바뀌었다. 한국의 멋과 흥이 담겨진 음악일 뿐만 아니라, 신명난다는 의미에 가장 적합한 음악이었다.

그동안 사물놀이를 들으면서 느끼지 못했던 감흥을 느낄 수 있게 되면서 이제 사물놀이가 울리면 그쪽 방향으로 귀를 귀 울이게 된다. 이제 사물놀이의 흥을 알아가는 것이다. 그날 사물놀이를 들으면서 울렸던 가슴은 꽤 오랫동안 아니, 아직도 남아있다.

무한한 가능성을 지닌 한국문학계의 보물

임수홍
(사)대한민국국보문학협회 회장

동장군이 온 주변을 휩쓸고 다니던 작년 12월, 협회 지인의 소개로 윤다솜 학생을 사무실에서 처음 만났다.

큰 키에 안경을 낀 여학생이 "선생님, 안녕하세요?" 하며 인사를 하자 나는 찬찬히 쳐다보았다. 약간은 장난끼 넘치는 여학생 같은 느낌을 받았지만, 대화를 하면서 고등학생이라는 느낌보다는 자기주체가 잘 정립된 성인과 이야기를 나누고 있다는 생각이 들 정도로 글에 대한 애착과 창작에 대한 각오가 대단하여, 나는 가슴속으로 찡한 울림을 많이 느꼈다.

그날 이후, 나는 일주일에 한 번씩 사무실에 오는 다솜 학생에게 '수필' 이라는 테두리부터 하나씩 껍질을 벗기는 방법에 대해 이야기를 해주기 시작하였다.

흔히 우리가 말하는 유태인 교육에 나는 철저했다.

‘배가 고프며 빵 하나 주는 교육이 아니라, 그물을 만들어 스스로 고기를 잡아 배고픔을 해결하는 방법’ 에 대하여 말을 해주었고, 물론 ‘다솜이’ 학생도 열심히 따라 주었다.

그리고 올 2월 월간 국보문학 수필부문에 응모하여 당당히 신인문학상을 수상하는 등단의 기쁨도 누렸다.

수필이란, 자기 자신이 주체가 되어 자신의 삶과 체험을 자유롭고 진솔하게 나타낸 현시(顯示)적, 고백적, 인격적인 글로 자기의 생각과 느낌을 간명하게 문예적으로 쓴 산문이라고 조연현 수필가는 말을 하였다.

수필과 에세이는 아직도 어원적으로 여러 가지 논란이 있다. 우리에게 잘 알려진 에세이라는 말을 처음 쓴 사람은 프랑스의 몽테뉴였고, 에세이라는 용어가 널리 쓰이게 된 것은 영국의 베이컨이「명상록」이란 의미로 사용한 후부터라고 전해지고 있다.

우리나라에서 수필이 문예지에 실린 것은, 1919년 창간된 한국 최초의 문예 동인지 [창조(創造)]에 '일기문'이 문예물로 실린 것이라고 한다,

이렇듯 수필의 역사는 짧지만, 시대가 각박해 갈수록 지금은 수필예찬론자가 기하급수적으로 늘고 있음을 우리는 알아야 한다.

그동안 ‘다솜이’ 학생이 쓴 수필들을 들여다보면, 학생답지 않게 사회적인 문제와 세계사적 문제까지도 다양하게 쓰고 있다는 사실을 알게 된다.

또한 고3 학생으로 자기주변에서 일어나는 진지한 삶을 토대로 학창시절의 웃지 못 할 에피소드나 추억들을 담담하게, 또는 격렬하게 토로하기도 하였다.

이번 첫 수필집을 내는 윤다솜 수필가는 앞으로 한국문단을 이끌 젊은 문학도이며, 기대주로 각광받기에 추오의 의심도 없을 정도로 자기내면에 정화된 삶의 진솔한 수필을 계속 쓰리라 믿어본다.

더구나 이제 고3이다. 앞으로 수필문학이라는 큰 바다에서 지금은 조그만 새끼고기로 출발하지만, 인생이라는 "희 · 노 · 애 · 락 號"를 타고 항해하면서 갖은 풍랑을 만나도 거침없이 극복하고 5대양 6대주를 누비는 무한한 가능성을 지닌 한국문단의 보물 같은 대선장으로 성장하기를 간절히 바란다.

첫 수필집 출간을 진심으로 축하한다.

수필집 출간을 축하하며

서울시인대학 학장 최병준

윤다솜 수필가의 수필집 출간을 진심으로 축하드립니다.

2011년 6월에 (재)한국문학진흥재단이 주최한 제16회 전국 청소년 청하백일장 대회에서 대상인 문화체육부장관상을 수상하기도 하여 겹경사의 꽃이 피었다.

등단식에서 만난 후 한국문학신문의 지면을 통하여 작품을 접하면서 다양한 소재와 내용의 구성들이 순수하며, 학생의 수준을 넘어 글의 맛과 멋스러움이 유별나서 유심히 지켜보고 있다. 큰 재목(材木)으로 쓰임 받을 것으로 기대합니다.

토마스 부룩스는 "저자가 설교 할 수 없을 때에 책이 설교 할 수 있고 저자가 설교해서는 안 되는 때에도 책이 설교 할 수 있으며, 한 걸음 나아가서는 저자가 살아 있지 않은 때에도 책이 설교 할 수 있다"라고 했습니다.

장르를 불문하고 책 한권에는 저자의 피와 눈물과 땀이 배어있어야 한다. 밤샘을 한 흔적도 있어야 하며, 한 줄의 생명을 얻기 위하여 고뇌한 모습이 숨어 있을 때 책이 설교할 수 있게 됩니다.

"남이 나와 마찬가지로 잘할 수 있었을 일이라면 하지 말고 남이 나와 같이 훌륭히 말할 수 있었을 것이라면 말하지 말며, 나와 마찬가지로 남이 쓸 수 있는 것은 쓰지 말라"는 앙드레지드의 충고가 아니더라도 수필가로써, 사색자로서의 태도를 갖고 독특한 글의 색깔을 찾는 것이 수필가의 길이라고 생각합니다.

수필을 사랑하며, 문학을 사랑하고 노래하는 가운데 언제 어디서나 수필가의 향기가 온 누리에 풍겨나기를 기원합니다.

아지랑이 피어오른 봄이면 맛깔스런 봄나물과 꽃구경 할 수 있어 좋고 여름이면 드넓은 바다를 향해 젊음을 노래할 수 있으며, 오곡백과와 풍성한 열매로 가득 찬 가을 그리고 새하얀 겨울이 있어서 색다른 계절감상을 꿈꾸어 자연에 대한 상큼한 작품으로 독자들의 뇌세포에 산소를 공급하는 색다른 발상을 기대합니다.

윤다솜 학생이 포도나무에서 교훈을 얻었으면 합니다.

포도나무처럼 세상에 깊이깊이 뿌리를 뻗고 해를 거듭 할수록 더욱 성장하며, 벌레 먹히지 않아 세상의 유혹에도 흔들리지 않고 긍정적인 말과 아름다운 행동으로 가족과 세상과 서로서로

감싸 안으며, 세월을 엮어 가면서 알알이 영글어가는 모습을 지닌 대한민국 대표 수필가가 되기를 원합니다. 꿈과 Vision으로 가득 찬 이 수필집으로 인하여 기대한 결과들이 포도송이처럼 주렁주렁 열릴 것이라 믿습니다.

현대는 디지털 시대도 아니요, 아날로그 시대도 아닙니다. 오직 공존의 시대요, Fusion의 시대입니다. 많은 것들을 보고, 듣고, 다양한 체험을 하여 여기에서 나오는 새로운 글도 기대합니다.

세상에서 축복 받은 사람이 있다면 자기의 재능으로 마음에 있는 생각을 표현하는 사람이라고 생각합니다. 자기의 생각을 아름다운 시로 표현하는 시인, 인생이나 자연 또는 일상생활에서의 느낌이나 체험을 생각나는 대로 산문 형식의 글을 쓰는 수필가도 축복 받은 사람입니다.수필집을 통하여 발표된 수필들이 사람들에게 깊은 감동을 주고 세상을 환히 밝히는 역할을 하리라 믿습니다.

수필가 윤다솜이란 이름이 세상에 널리 알려지는 그 날까지 늘 새로운 마음으로 주옥같은 작품들이 계속 탄생되기를 기다립니다.

다솜의 글을 통해 태교와 가정교육의 중요성을 보다

시인 · 수필가 · 바빌런코리아 대표 강병숙

먼저 고3의 어린 학생으로서 빛나는 글을 모아 첫 수필집을 발간함에 놀랍고 기쁜 마음이다.

매주 한국문학신문에 연재되는 〈다솜이의 단상〉을 통해 그녀의 글을 보노라면 영롱한 진주가 반짝반짝 빛을 발하는 느낌을 받는다.

그리고 열여덟 살 소녀의 정신세계가 어찌 이리 넓고 깊을까 놀라지 않을 수 없다. 그러면서 다솜이의 어머니인 〈박 희균〉씨의 미소 띤 해맑은 얼굴이 오버랩 되곤 한다.

해서 나는 이 축사의 지면을 통해 아이의 성품에 미치는 어머니의 태교와 가정교육의 중요성을 짚어볼까 한다.

다솜의 어머니 박희균 씨와는 직장에서 맺어진 연(緣)이지만,

친 자매 이상으로 가깝게 지내고 있다. 그녀의 눈은 늘 아가와 같이 해맑고, 웃음 띤 얼굴은 주위를 환하게 밝혀준다. 또한 매사를 긍정적으로 생각하고, 열심히 모범적으로 산다.

무엇보다도 참되게(眞) 살려는 마음가짐이 내가 봐도 너무 예쁘다.

그러면서도 늘 공부하며 자기계발에도 심혈을 기울인다. 현재도 사십 중반에 대학원 석사과정을 밟고 있다.

한때 모 은행 대표 탁구선수로 촉망 받던 그녀가 제천 시골의 7남매의 맏며느리로서 연로하신 시부모님 병수발과 시동생, 시누이들의 온갖 뒷바라지를 눈살 한번 찡그리지 않고 희생적으로 해온 과정을, 옆에서 지켜본 나로서는 늘 감탄 하지 않을 수 없으며, 그녀를 통해 내가 정화되곤 한다. 그만큼 그녀는 매사 지혜로우며, 사려 깊고, 남을 배려하는 마음이 늘 우선한다.

그런데, 그녀의 좋은 성품은 어머니 즉, 다솜이 외할머니의 훌륭한 태교와 훈육이 밑바탕이며, 다솜이의 긍정적 사고와 깊고 넓은 정신세계도 바로 박희균 씨의 좋은 성품과 정성 어린 태교, 별난 가정교육에 기인한다고 본다.

다솜이가 태중에 있을 때, 늘 책을 읽으며, 좋은 생각, 좋은 말만 하려고 애썼다는 그녀, 또 아이들을 키우면서는 스스로 생각하는 사고의 폭을 넓히려 엄하게 키워왔다, 이를테면 초등학교 때부터는 실내화를 스스로 빨게끔 했으며 청주의 외가, 제천의 친가를 다솜이가 동생을 데리고 혼자 다녀오도록 하는 등등~

다솜양!

첫 수필집 발간을 다시 한 번 축하하며 오늘의 영광이 본인의 노력도 크지만, 부모님의 배려와 노고하심이 크다는 것을 잊지 말고, 부모님처럼 늘 진실을 찾고, 추구하는 젊은이로, 글 쓰는 이로 커주기를 바랍니다.

멋진 작가가 되길 바라면서

사랑하는 아빠로부터

사랑스러운 딸을 낳고, 엄마 아빠는 고민을 너무 많이 했단다.

이름을 짓는 과정에서 네 엄마는 세상을 넓게 살라는 의미에서 하늘이라 짓자하고, 나는 사람들 속에서 사랑을 베푸는 사람으로 살아가길 바라면서 다솜이라 짓자고 했단다. 어떤 이름으로 할까 고민하다가 동사무소에 늦게 신고해 벌금까지 냈단다. 이런 우역곡절 끝에 '윤다솜' 이란 이름이 세상에 탄생되었지.

우리 딸이 태어났을 때, 다솜이가 나를 아빠로 만들어줘서 얼마나 설레고 행복했었는지. 누가 아기를 안아주면서 놀아줄 때도 모든 사물을 자세히 설명 해주는 것이 좋다하여 너를 안고 다니면서 세상에 존재하는 모든 것을 설명해 줄려고 노력했었단다.

우리 딸이 글을 쓰면서 아빠 어깨가 으쓱했단다. 네가 쓴 글을 읽어볼 때마다 너의 감수성이 아빠로 인해 시작된 것 같다는 생각을 하면 너무나 행복하구나.

사랑하는 딸 다솜아,

다솜이란 이름답게 너의 글만 쓰는 사람이 아닌, 세상 사람들의 눈과 귀가 되어 마음으로 글을 썼으면 좋겠구나.

다솜아, 세상은 참으로 넓단다.

너의 큰 꿈을 저 높은 푸른 하늘에 한껏 펼쳤으면 좋겠다.

엄마에게 언제나 대견스럽고, 자랑스러운 딸에게

세상에서 다솜이를 제일 사랑하는 엄마로부터

엄마가 운동선수로서 꿈을 이루지 못한 것이 항상 아쉬움으로 남아 있었나봐. 그래서 너에게 골프를 시켰는데, 그때는 내 꿈이 아니라 우리 다솜이 꿈이라고 잘못 생각했던 것 같아. 너에게 골프를 시켜 먼 길을 걷게 한 것이, 엄마 가슴에 항상 미안함으로 남아있단다.

고등학교 들어가더니 교지편집부에 들어갔다고 하길래 별 생각 없이 '글을 잘 쓰니깐 그것도 괜찮겠다.' 했는데, 너의 글이 하나둘 교지에 실리면서 글의 재능이 보이더구나.

네가 초등학교 2학년이었을 때, 전학시키려고 학교에 갔다가 우연찮게 2학년 담임 최윤희 선생님을 만났단다. 다솜이를 골프를 시키겠다고 하니깐 작가를 만들지 그러냐고 하시더라. 그때는 별 생각 없이 선생님도 이상하시다고 초등학교 2학년짜리 아이의 무엇을 보고 작가를 시키라 하시나 흘려버렸는데, 새로 전학간 2학년 담임도 똑같은 말씀을 하시길래 속으로 깜짝 놀랐단다.

나의 욕심이 커서, 너에게 골프를 시켜 힘들게 만들었구나. 너의 글이 하나하나 만들어지면서 왜 초등학교 담임선생님께서 똑같은 말씀을 했는지 느끼겠더구나. 다솜이한테 글 쓰는 잠재능력이 있다는 것을 선생님께서 일찍 알아보신 것 같아.

예전엔 시험기간에도 책을 보고 있는 네가 너무나 한심해 '정신 나갔다.' 고 잔소리 한 엄마지만, 이제는 항상 너의 첫 번째 응원자이자 기둥이라는 것을 잊지 마. 엄마가 제일 잘하는 것 '늘 파이팅 하기' 를, 항상 남에게 칭찬을 아끼지 않는 사람이 되고 남을 지적하기보다는 나를 낮출 줄 알고 겸손한 사람이 되길 바란다.

모든 것은 나로 인해 만들어지고 내 잘못으로 내 욕심으로 생긴다는 것을 늘 명심하기바라며, 늘 모든 것에 감사할 줄 알고, 지혜로운 사람이 되길 바래.

엄마는 다솜이가 내 딸이라는 것이 너무나 행복하단다. 첫 수필집 출간 너무나 축하해.

엄마에게 너는 항상 대견스러운 딸, 자랑스러운 딸이라는 거 잊지 마.

사랑한다, 다솜아.

이 세상이 빛과 소금이 되길...

다솜이를 사랑하고 사랑하는 할아버지가

사랑하는 다솜아,

너를 낳았다는 소식에 버스타고 가는 시간도 너무 길게 느껴져 택시를 타고 충북 제천에서 성남까지 급히 갔던 기억이 떠오르는구나.

첫 손녀를 빨리 만나고 싶은 마음에 어찌나 서둘렀는지 너는 아마 모를게다. 하루가 다르게 커가는 모습만 눈에 보이더니, 어느새 고3이 되어 수필가가 되고, 이제 첫 수필집을 낸다는 소식을 듣고 얼마나 가슴 뿌듯했는지 모른단다.

늘 바라던 마음은 아무 탈 없이 건강하게 공부만 열심히 하길 기도했는데, 우리 손녀가 정말 자랑스럽구나.

사랑하는 다솜아!

고맙구나. 부디 훌륭한 작가가 되어 이 세상의 빛과 소금이 되길 바란다.

‖축 사‖

작가의 꿈을 지닌 손녀에게

다솜이를 사랑하는 외할머니가

할머니는 항상 우리 사랑스러운 손녀딸 다솜이가 잘 되기만을 기도해 왔단다.

다솜이 어렸을 때, 너희 엄마가 힘들어서 외할머니가 어린 너희들을 돌봤었는데 다솜이는 드라마를 같이 보면서 말동무도 참 잘해줬었지. 너는 어렸을 때도 드라마를 보면서 내용설명을 참 잘하더라. 그때 외할머니는 우리 손녀딸이 훗날 작가가 될 것 같다는 생각을 했단다.

늘 내 옆에서 참새처럼 재잘재잘 거리며 졸졸 따라다니던 때가 엊그제 같은데, 이렇게 책을 낸다니 장하구나. 할머니는 환경이 어려워 공부에 뜻을 두지 못했는데, 다솜이는 끝까지 하고 싶은 공부를 했으면 좋겠구나.

항상 응원한다.

너의 인생에 가장 큰 디딤돌이 되길 바라면서

너의 친구 예진이가(경기여고 3학년)

다솜아,

너는 중학교 때부터 따뜻한 마음과 유쾌함으로 친구들을 항상 즐겁게 해줬잖아.

그래서 네 주변엔 친구들이 늘 있었는데, 갑자기 그때 생각이 난다.

우리 그때 서로의 미래에 대해 많은 이야기를 하면서 언제쯤 그 꿈을 이뤄낼까? 설레이며 웃곤 했었지. 그러던 중학생 '다솜이' 가 벌써 이렇게 성장하여 너의 미래의 꿈을 향해 한발, 한발 다가가는걸 보니, 친구로서 정말 가슴 뿌듯하고 자랑스럽단다.

이번에 출간되는 첫 수필집이 문인으로서 네 큰 꿈의 디딤돌이 되리라 믿어.

앞으로 발전되어가는 너의 모습을 기대할게!

진정한 수필가가 되길 바라면서

사랑하는 친구 다영이가(명일여고 3학년)

다솜아.

고등학교 입학 무렵 알게 된 너는 무척이나 발랄하고 쾌활한 아이였어.

특히나 너의 꿈에 대해 말할 때면 두 눈을 반짝이며

“나는 꼭 글을 쓰는 사람이 될 거야."라고 말하곤 했었지.

고교3년의 끝자락에서 그 꿈이 한 권의 책으로 출판된다는 말을 듣고 나는 당사자인

너만큼이나 가슴이 벅차고 기뻤어.

이 책을 기점으로 많은 사람들이 수필가로써의 진정한 너의 가치를 인정해주기를 바라며, 앞으로 제2, 제3의 수필집을 또한 기대할게.

정말 축하한다!!

다솜이의 수필집 출간을 축하하며…

천지의 기운을 담아: 엉클 심이

항상 곁에서 어머님, 아버님을 뵙지만 인격적으로 너무 존경하는 분들이라 그 자녀들은 어떨까? 싶었다.

내가 '다솜이' 를 처음 보았을 때 느낌은, "역시 참 바르고, 옳게 자랐구나!"라는 생각이 들어 내 자신을 뒤돌아보게 했다.

아직 '다솜이' 를 몇 번 보지는 못했지만, 어머니를 통해서 '다솜이' 에 대해 많은 얘기들을 들은 바는 있었다. '다솜이' 엄마를 만나서 얘기를 나누다 보면, 가끔 놀라게 하는 문학적인 말솜씨에 행복한 미소를 머금기도 하였는데, '다솜이' 가 이번에 수필집까지 출간한다는 소식을 들으니 참으로 대견하다는 생각이 든다.

그동안 글을 잘 쓰는 '다솜이' 이야기를 들으면서 "나도 글을 써보면 좋겠다."라는 생각이 들곤 했는데, 나도 도전을 해볼까

하는 마음 속 다짐도 해본다.

내가 볼 때, '다솜이' 가 태어나서 지금까지의 인생 여정이 그리 길지는 않지만, 글귀 여러 곳에서 풍기는 느낌과 표현들은 기성문인들처럼 독자들에게 편안함을 안겨주는 것 같아, '다솜이' 가 나름대로 많은 경험들과 다독으로 인한 글감들이 '다솜이' 의 내공을 많이 높인 듯한 생각이 든다.

언제나 그렇듯이 지금처럼만, '다솜이' 가 원하는 목표를 이루기 위하여 더욱 더 노력하면서

젊은이의 자산인 열정적인 자세와 앞으로 다가올 삶의 희로애락 등을 슬기롭게 극복하고, 인내하면서 생활한다면, 마침내 자신이 원하는 꿈을 반드시 이루리라 생각한다.

앞으로도 꾸밈없고 정감 있는 많은 글들을 써서 독자들에게 영원히 기억되는 수필가가 되었으면 하는 간절한 바램을 전한다.

첫 수필집 출간을 진심으로 축하한다.

청소년이 던지는 삶에 대한 질문

– 윤다솜의 수필을 읽고

성기조(시인 · 문학박사)

1. 수필의 재미

수필은 다른 문학 장르와는 다른 점이 있다. 삶과 지식에 대한 자유로운 해석이 담겨있는 수필은 시와 소설처럼 일정한 틀이 없다. 詩的 형식이나 소설적 틀에 맞춰 글을 쓰지 않기 때문에 작자가 여러 계층에서 탄생한다.

詩나 소설을 쓰려면 이 방면에 대하여 공부를 해야 하고 여러 가지 어려운 고비를 넘겨야 하기 때문에 순수문학에 관한 이론이나 글쓰기의 방법, 표현술에 대한 본격적인 공부가 필요하지만, 수필은 이와 반대로 알맞은 소재를 찾고 이를 인생론적 방법이나 예술적 견지에서 성찰을 거듭한 뒤, 아름답거나 논리에 맞는 문장으로 써내면 된다.

이점이 시와 소설과 비교하여 다르기 때문에 수필을 쓰는 작가가 늘어나고 이런 글들이 수필이란 형식을 갖춰 문학에 편입된다. 그래서 수필은 다른 문학보다 가볍게 취급되기 쉽고 본격문학에서 경원 받는 경우를 상정할 수 있지만 수필도 엄연한 문학예술이기 때문에 그 작가는 예술가이고, 문학가이며, 수필가로 귀착된다.

수필이 다른 문학보다 자유롭기 때문에 작가의 지식이나 사회적 지위, 학력 따위에 구애받지 않고, 표현력이 훌륭하고 성찰력 또는 철학적 지식이 풍부하면 누구나 쓸 수 있는 문학의 한 종류다.

우리나라에서도 수필가들이 3천명에 육박한다. 더욱 세밀한 조사를 해보면 이보다 더 많을 수도 있다. 1950년대만 해도 스무 살 전후해서 문단에 나와 활동하는 작가가 많았으나, 문학만으로 살아가기 힘든 세상이 오고 부터는 젊은이들이 전공자가 없었던 것도 사실이다. 그런데도 요즘은 문학을 전공해서 자신의 세계를 구축하겠다는 야무진 젊은이들이 가끔 눈에 띄어 열심히 공부한다는 소식을 듣고 무척 반가웠다.

수필은 글감이 되는 소재가 생활주변에서 듣고, 보고, 깨우치는 것들이 주가 되기 때문에 누구나 쓸 수 있다고 생각하지만, 사실은 글감이 되는 소재에 대한 철학적 입장과 견해, 그것들이 인생의 삶과 어떤 연관을 갖는 가 깊이 따지고, 글을 읽는 독자들로 하여금 예술적 감흥을 느껴 크게 감동하는 문장을 만들어야 하기 때문에 깊은 사유의 세계가 들어있어야 한다. 사유의 세계가 미치지 못하면 뚜렷한 감성의 세계를 거쳐 태어나는 문장으로 이루어져야만 독자들에게 감동을 준다.

2. 삶에 대한 질문

문학은 인생의 삶을 예술적으로 기록하기 때문에 글감은 언제나 삶의 실체일 수밖에 없다. 때문에 문학은 삶의 기록이 된다.

우리가 즐겨 읽는 수필의 글감이 모두 한 작가의 주변에서 얻어지는 것을 많이 볼 때, 사색적인 글이나 깊이 있는 철학을 글감으로 해서 쓴 수필은 그리 많지 않다. 이 부분이 수필은 삶의 주변을 가볍게 써내는 생활주변 이야기라고 천대 받는 원인이다. 또한 이런 글을 신변잡기라고 홀대하고 문학적인 글, 예술적인 글이 아니라고 멀리한다.

진정 좋은 수필가는 글감을 삶의 주변에서 얻더라도 철학과 성찰이 밴, 그리고 예술적 감동이 듬뿍 밴 글을 써야 수필가로 대접받는다는 것을 깊이 깨달아야 한다.

윤다솜이 쓴 수필을 읽으면서 생각되는 것은 손쉽게 주변에서 얻은 글감이라도 깊이 있는 생각을 글에 담고 있는 것을 발견했다는 것이다. 이러한 일은 인생의 삶에 대하여 꾸준히 묻는 태도가 있어야 한다. 학문이 곧 많은 질문을 쏟아내듯, 자신이 잘 모르는 것을 골라 묻는 태도가 삶을 성실하게 살아가는 지혜가 된다.

비로소 알겠다. 나는 청춘이라는 열병에 걸려 잠시 아픈 것이고, 내 머리카락은 열병에 아파했을 때 하나씩 빠져나간 것이다. 그날 난 책을 사지 않았다. 나에게 그 책은 제목만으로도 큰 위로와 해결책을 주었다.

때론 막연한 미래에 불안해하고, 돌아오지 않을 시간에 후회를 한다. 책의 끝 편에는 이런 말이 적혀있다. '그대는 지금 몇 시쯤 살고 있는가?'

-수필 〈창춘이니까 아프다.〉의 일부

머리카락이 빠지는 것을 보고 스트레스에 걸렸을 때, 친구들과의 교제, 그리고 자신의 고독감, 대학 입학 스트레스에 대한 불안과 초조감을 비교적 상세히 쓰면서 신문에서 본 기사를 생각한다.

70세 할머니가 960번 째 도전해서 운전면허를 취득한 것을 보고 느긋해질 수 없는가 생각한다. 그러면서 〈청춘이니까 아프다〉란 책 제목을 보고 생각한 것들을 쓰고 있다.

청춘, 한참 인생의 삶에 대한 고민이 움트기 시작할 때, 그 아픔은 또한 얼마나 큰가? 청춘은 젊음과 의욕, 그리고 희망의 대명사가 된다. 때문에 청춘은 소유할 가치가 있는 유일한 것이다.

인생에 대한 희망이 무지개빛으로 내려 비치는 청춘기에 어찌 아픔이 없겠는가? 윤다솜은 바로 이런 아픔을 많은 독자들에게 묻는다. 그러면서 적절한 해답을 얻으려고 노력한다. 아직 스물을 넘기지 못한 어린 나이에 인간의 삶을 고민하는 윤다솜의 방법은 건전하다. 아픔을 참아가며 차분하게 삶을 전개하려는 의도가 이 글 속에 충분히 배여 있기 때문이다.

하루는 24시간, 그걸 분으로 고치면 1440분, 인간의 평균 수명이 80세라고 가정한다면, 1년은 전체 24시간 중 18분이다.

나는 현재 오전 여섯시를 향해서 가고 있다. 겨울의 끝물을 타고 있는 요즘 같은 추운 날씨에는 일곱 시 반은 되어서야 해가 뜨기 시작한다. 아직 나는 해도 뜨지 않은 새벽녘에 일어나 남은 열여덟 시간을 불안해하고, 이미 지나가버린 시간을 후회하고 있는 것이다.

-위 수필의 일부

시간을 분초 단위로 환산해서 아직 살아갈 시간이 무척 많이 남아 있음을 밝히고 천천히 신중하게 살아보겠다는 생각이 이 글의 중심을 이루고 있다. 한참 발랄한 감성과 반짝거리는 사고의 전환으로 성급하게 삶의 방법을 깨우치려 하지 않는 신중성은 삶의 중요한 부분을 이미 터득했다는 증거가 된다. 삶에 대한 이런 신중한 질문에서 많은 사람들은 인생의 삶에서 지혜와 슬기를 찾게 된다.

사람은 누구나 살아간다. 그리고 공상이 많아지는 사춘기 때 누구나 다. '인생이란 무엇인가?, 왜 사는 건가' 라며 스스로에게 의문부호를 붙여보기도 한다.

-수필 〈사람은 무엇으로 사는 가〉의 일부

살아가면서 생각하고, 의문을 직접 쓰면서 톨스토이의 말로 대답한다. '모든 인간은 자기 자신만을 생각하고 걱정하며 살아가는 것이 아니라, 사람에 의해 즉 더불어 살아가기 위해 살아가는 것이 사는 의미라고 함축한다.' 는 톨스토이의 말을 인용하는 것도 삶에 대한 깊은 철학이다.

'눈은 기본이고 코는 옵션이며 보조개는 덤이고 이마는 선택이니라.' 는 명언은 어느 성형녀께서 한 말인지 모르겠지만 우리 여고생에겐 성경구절보다 더 익숙한 말이 되었다.

-수필 〈성형 고(高)〉의 일부

여고생들의 일부가 성형하는 것에 일침을 가한다. 아직 다 성숙하지도 않았는데 얼굴을 성형한다는 것은 말이 안 된다고 쓰면서 동양의 고전을 들어 나무라고 있는 것은 작자가 철학적으로 성숙돼 있음을 말한다.

3. 삶과 고민

인생의 삶은 한낱 숨결에 불과하다는 말이 있다. 그러나 인간은 생명을 유지하고 활동하는 기간이 있다. 그 기간 동안 수많은 곡절과 사건이 중첩되어 현명한 삶과 어리석은 삶으로 구별된다.

글을 쓰는 사람들은 누구를 막론하고 현명하고 슬기로운 삶을 살아내기를 원한다. 문학자체가 삶의 기록이기 때문에 누구나 잘 살려는 노력을 한다. 때문에 사는 것이 중요한 문제가 아니고 바로 살기를 염원한다. 문학은 바로 살기의 서원이며 다짐이 된다.

많은 수필가들은 잘 살거나 바로 살기를 원하고 사람들의 기록을 남기고자 한다.

〈선생님 그림자도 밟지 말아야 한다.〉란 수필을 보면 아주 고전적인 도덕관과 윤리관을 가지고 사제의 관계를 설명한다.

키는 조금 자그만 해서 총총거리며 빠른 걸음을 짓고, 인사를 먼저 하지 않아도 먼저 인사를 걸어 주신다. 이렇게 쭈욱 나열하고 나니 그분과 우리 사이가 사제 간의 사랑으로 돈독 할 것이라고 생각할 것이다.

–수필 〈선생님 그림자도 밟지 말아야 한다.〉의 일부

이 글은 옛말에 있는 대로 '선생님 그림자도 밟지 말아야 한다.' 는 말을 제목으로 해서 사제 간의 애틋한 사랑을 그리고 있다. 그러면서 학교에서 교권이 무너졌다고 자탄할 만큼 사제 간에 일어나는 구타와 폭력에 관하여 예를 들고 있다. 그러면서도 스승과 제자의 관계는 돈독해야 한다고 쓰고 있다. 이 글의 마지막 부분에서 "선생님의 사랑은 정말 깊고 넓다. 정말 옛말에 틀린 말 하나 없더라, '선생님 그림자도 밟지 말라' 무슨 말인지 조금은 어렴풋이 알만하다."는 마무리 글이 건전하다.

딸기 한 박스도, 생닭도 소비자를 기쁘게 한 저가였다. 엄마는 싼 가격에 딸기를 사고 나서 기분이 좋으셨고, 생닭을 사간 많은 사람들은 싼 가격에 좋은 닭을 식탁에 올릴 수 있게 되었다. 그러나 조금 달리 생각해 보면, 대기업과 대형마트의 가격 경쟁은 좋은 품질과 낮은 가격을 소비자에게 제공해 주지만 결국 중소기업과 도소매업자, 농사꾼의 허리띠를 졸라매서 나온 결과물인 것이다.

–수필 〈딸기 한 박스와 생닭〉 중에서

싼값으로 사는 딸기와 생닭에 관한 글이다. 앞에 글이 스승과 사제에 관한 개인적인 생각을 담은 글이라면, 이 글은 시장에서 일어나고 있는 물가문제를 다룬 사회문제에 대한 관심이다.

인간이 살아가는 것은 개인에서 출발해서 공적인, 사회적인 활동으로 종결된다. 집안은 가정이요, 이웃 간의 관계를 이루면 사회관계로 성립된다. 때문에 인간은 사회문제에 대하여 절대로 무관심할 수 없다. 개인적인 관심이나 고민도 사회적 관심사나 문제의식도 모두 형평한 위치에서 살펴야 한다는 전제가 붙는다. 글쓰기에 앞서 평형감각을 잃은 시각을 가진다면 편견으로 몰아넣어 사회문제를 야기 시킨다.

윤다솜의 글을 보면, 이런 문제에 대하여 고민할 필요가 없다. 날카로운 감성과 평형감각이 깃든 이성적 판단으로 쓴 논리적인 글이기 때문에 많은 사람들에게 교훈을 준다.

그 친구는 나를 참 많이 좋아했다. 언제나 점심시간 마다 "다솜아 밥 맛있게 먹어" 라고 인사해주고, 진심인지 빈말인지 모르겠지만 항상 나에게 "미스코리아 같아."라며 예쁘다고 말해주어서 같은 반 친구들의 웃음을 사기도 했다. 지금 생각해보면 나는 자만했고 영악했다. 몸이 불편하고 우리와는 약간 다른 그 친구에게 나는 편견이 없는 양 굴었지만 사실 친구들의 칭찬과 선생님의 흐뭇한 시선을 즐기며 불편한 봉사를 했었던 것이다.

–수필 〈아이 엠 쏘리〉의 일부

장애인 친구에게 성심껏 봉사를 하면서도 그것이 진실한 봉사인지 심각하게 고민하는 작가의 따뜻한 마음이 보인다.

그들을 장애인이 아닌 하나의 우리와 같은 인격으로, 친구로 바라본다면 멀지 않은 가까운 미래에 진정으로 1학년 때 같은 반이었던 장애인친구를 '진짜 친구' 로 받아들일 날이 올 것이다.

–수필 〈아이 엠 쏘리〉의 일부

위 예문으로 끝맺는 이 글은 윤다솜의 고민이 그대로 드러나 있다. 장애인이라고 차별 받는 실상을 알리면서 자신의 심각한 반성으로 글을 끝맺는다. 순수한 마음가짐, 그리고 순결이 함께 어우러진 어진 마음의 발로라고 말할 수 있다. 살아가면서 느끼는 고민을 숨김없이 글로 나타내는 것도 용기가 된다. 용기는 진실을 동반해야 한다. 진실이 없으면 문학은 성립되지 않는다. 진실한 마음가짐으로 통찰하는 자세가 좋은 수필을 쓰게 만든다.

4. 넓은 세계와 큰 꿈

젊은이들의 눈으로 보면 세계가 좁다고 생각할지 모르지만, 우리가 살고 있는 지구는 크고 넓다. 그 속에 마련된 자연의 오묘한 변화와 우주로 이어지는 광대한 세계에서 인간을 돌아보면 아주 작은 미물에 불과하지만, 자연과 세계를 과학이란 힘으로 지배한다. 또한 예술이란 창조행위는 자연을 재현해내면서 인간에게 무한대의 상상과 위안을 제공한다. 이 속에 수필이란 장르가 있다.

젊고 발랄한 윤다솜의 수필세계는 아직 여물지 않았다고 생각하지만 힘없는 새싹이 자라 큰 나무가 되듯, 연륜이 쌓이면 자신의 세계가 구축되고 단단해질 것이다. 윤다솜은 넓은 세계를 보는 눈이 있고, 큰 꿈을 주는 뜻이 있기에 오늘의 수필가로 활동하고 있다.

그녀의 꿈을 살피기 위한 적당한 작품은 〈앤디 워홀 보고서〉이다. 그는 미술가였다. 고전적 방법에 의한 그림그리기보다 삽화나 광고제작 등, 상업예술가로 성공한 사람이다. 공과대학에서 산업디자인을 전공한 그는 뉴욕에서 예술만 중시하던 화가들로 부터 많은 질타를 받기도 하였다. 그의 전시회를 보고 쓴 수필이 눈길을 끄는 까닭은 넓은 세계에서 예술을 보는 시각이 편협하지 않고, 크고 넓기 때문이다.

마릴린 먼로가 칼라 풀한 모습으로 쭉 나열된 그림은 누구나 접해봤을 것이다. 그 그림에서 워홀은 무엇을 말하고 싶었을까? 워홀은 대량생산이 된 똑같은 그림이 여러 개 나열된 그림으로 산업화 되고 있고, 대량생산화 되고 있는 그 당시 시대상을 반영 한 것이라고 한다.

–수필 〈앤디 워홀 보고서〉의 일부

새로운 세계에 대한 관심과 호기심이 글감이 된 이 글을 읽으면서 젊은이들의 생각이 무한대로 발전하고 뻗어나가 감추어진 우주의 비밀까지도 파헤쳐야 된다는 생각이다.

"작품을 보던 우리가 딱 걸음이 멈춘 곳은 너무나도 유명한 작품인 앤디 워홀의 '자화상' 이었다. 앤디 워홀의 '자화상' 은 앤디 워홀이 정면만을 응시한 채 아무 감정을 나타내지 않아, 얼빠진 듯한 표정과 흑백의 색은 마치 그의 심정을 나타내는 것만 같았다."는 대목도 현대인의 무표정한 상황과 예술적 특징을 구축하겠다는 한 가지 생각에 몰두하여 그런 표정이 탄생한 것이 아닐까?

'완벽한 혁명지도자' 라고 불리는 체게바라는 쿠바혁명을 이끌고, 많은 일들을 했음에도 안주하지 않고 쿠바를 벗어나 볼리비아로 투쟁무대를 옮겨 바리엔토스 정권을 상대로 게릴라전을 벌이다가 총살당했다. 당시 체게바라는 부와 명예를 다 얻을 수 있었는데도 불구하고, 또 다시 자신의 신념이 이끄는 대로 투쟁을 하다가 죽음을 맞게 된다.

–수필 〈혁명가에서 독재자까지〉의 일부

리비아의 혁명가이며 독재자인 카다피와 쿠바 혁명을 성공시켜 부와 명예를 다 얻을 수 있는데도 체 게바라는 볼리비아로 가서 게릴라전법으로 혁명을 도왔다는 기록이다. 젊은 사람들의 우상인 체 게바라는 혁명가로 끝났지만 카다피는 혁명을 성공한 뒤, 독재자의 길을 걸었음을 자세히 쓰고 있다. 젊은 눈이 밝다.

어떤 일이고 편견 없는 판단, 진실의 발견, 예술적 표현이 한데 어울려야 수필가로서의 틀을 갖게 됨을 명심해야 한다.

윤다솜의 수필을 읽으면서 세 가지 큰 제목을 달아 분류해 보았다.

첫째가 젊은이답게 삶에 대한 여러 가지 의문이 다양하게 받아들여 수필을 쓰고 있는 일과 둘째, 삶에 대한 고민이 드러난 수필이 대부분을 차지하고 있는데 대한 인식으로 윤다솜의 장래에 대한 설계가 완성단계에 접어들었음을 직감했고, 셋째는 넓은 세계와 큰 꿈을 갖는 삶을 지속적으로 전개해야 된다는 권고를 했다.

한 작가의 내면세계를 통합하는 것은 쉽지 않은데 그것들을 문학과 연결 지어 어떤 결론을 얻기란 쉽지 않다. 그러나 윤다솜은 오늘의 한국문학 풍토에서는 확실히 다른 존재로서 자신의 세계를 구축해서 글을 쓰는 단단한 작가가 될 수 있는 품격을 갖춘 것을 발견한 것이 큰 수확이라 하겠다.

다솜이의 단상 短想

열아홉 살 수줍은 여고 3학년의 비망록